碧巌の空

木村太邦

春秋社

まえがき

中国は北宋の人、『碧巌録』の基いである『雪竇頌古』（百則）の著者、雪竇重顕禅師（九八〇―一〇五二）は、わが国で『枕草子』、『源氏物語』が相次いで完成した十一世紀初頭、二十四歳で出家しました。

雪竇さまは天賦の詩才をお持ちの方で、教外別伝、不立文字をかかげる禅界に、いわば鬼子として登場したのです。

この『雪竇頌古』を人々に講じ、一則ごとに、垂示、下語、評唱をつけた圜悟克勤禅師（一〇六三―一一三五）は、師の五祖法演、資（弟子）の大慧宗杲らとともに、公案禅の大成を果たした気鋭の禅僧でありました。

「宗門第一の書」として今に伝わる『碧巌録』は、このお二人の「紙上法戦」でもあります。「偈頌」という舞台にのせて、百則の公案をほしいままに拈弄し、唱い上げ、裏であやつる先人に対する、後人の飛ばす「野次」ででもありましょうか。

そこに、手にとってお読みくださる皆さんも加わって、大空の如き開けを現場とし、「なんぼでもある、なんぼでもある」無尽蔵の法財が、見い出せるのではありますまいか。

それにしても圜悟禅師の「垂示」は、いつに変わらぬ無常な紛然雑然とした世の中に、人としてのありようを問い直してくれます。

「魚行《およ》げば水濁り、鳥飛べば毛落つ」（第二十九則）

先ずは、人生と重ねて味わっていただき、その上で「本則」をにらんで、圜悟禅師がどのようなこころばえで使っておられるのかに意をめぐらす。

同時に「魚行げば水濁り、鳥飛べば毛落つ」を、英単語さながらに暗記していくことにより、禅語に親しみを感じ、自然に身につけるとともに、禅語が人生にどうはたらくのか、ひいては、日常のなんでもない当たり前の行動にまでどう具体化できるのか。そこに何が生まれるというのか。

ゲーテ（一七四九―一八三二）はうたいました。

星を獲ろうと望みはすまい／われらは星の光を悦び／晴れた夜ごとに空を仰いで／大きい歓喜を身に感ずる。

「初夜無常の偈」はよびかけます。

煩い悩みは深くして底なく／迷いの海にはほとりなし／苦しみを渡るの船は今立たん／何ぞこのんで眠りにふけらん

無量の法財を蔵する『碧巌録』を繙くことで、それがどんなに小さくとも、無限の喜びに通ずる生き甲斐をかちとってくださいますことを願います。

また本書の基いは、毎月集って拙い話を真剣に聴き止めてくださった「The Zen」会の皆さまにあります。多々ご苦労をかけました編集部の方々、神田明会長、澤畑吉和社長、佐藤清靖編集取締役ほかの皆さまのご厚意に甚深の謝意と御礼とを申し上げます。

平成二十九年十一月八日

天門山裡　木村太邦

碧巌の空

目次

鉄樹　花の発き初めるとき――第四〇則「南泉如夢相似」……241

「夢の如くに相似たり」

「鉄樹花を開く」

無限のいのち、萌えいずるとき

碧巌の空

独坐大雄峰——第二六則「百丈奇特事」

【本則】挙《こ》す。僧、百丈に問う、「如何なるか是れ奇特の事」。丈云く、「独《ひと》り大雄峰に坐す」。僧、礼拝《らいはい》す。丈、便ち打つ。

【頌】祖域交《こもごも》馳《は》す天馬《てんま》の駒《く》、化門舒巻《けもんじょけん》して途を同じくせず。電光石火、機変を存す。笑うに堪えたり人の来たりて虎鬚《こしゅ》を捋《ひ》くは。

百丈懐海禅師

今日の主人公は百丈懐海禅師です。百丈禅師という方は、私たち禅門にとって、大変大事な方です。碧巌録では、今回初めて主人公として登場します。これまで百丈禅師が主人公の公案はなかったと思います。

「二祖三仏忌」という言葉があります。二祖三仏、二人の祖師と三人の仏さまをお祀りするわけです。二人の祖師の一人が百丈禅師です。もう一人はどなたでしょうか。達磨さんですね。二祖というと、たくさんの祖師方が出ておられますが、達磨さんと百丈禅師なのです。

三仏というのはどなたでしょう。まずお釈迦様ですね。あと二人は、どなたでしょうか。じつは数え方にポイントがあります。仏教の教えは、人生は苦だと見るわけです。生きることは苦だと。そこで四苦八苦といいますね。四苦と八苦の関係はどうでしょう。四苦八苦という言葉でいくつの苦しみを挙げているでしょうか。全部で八つなんですね。

こういうところがこんがらがる元です。四苦八苦だから、足して全部で十二と思うのが普通ですね。しかし八つです。仏教ではそういう数え方をするわけです。

ですから二祖三仏忌と言いますが、ここで挙げられているのは三人の方だけです。三仏の二人の仏さまは、二祖の達磨さんと百丈禅師。そしてお釈迦様。この三人で二祖三仏忌とするのですね。

百丈禅師はそういう方です。なぜそんなに大切にされているかというと、一つは禅宗というものを独立させた方だからだろうと思います。それまではよその宗派に居候をしていたんですね。例えば律院、戒律を重視して修行するお寺などに、居候していたわけです。その居候をやめまして、禅宗を独立させた。さらに、いろんな禅の団体生活の規則をつくりました。百丈清規という、こうやって修行していくべきだという規則をつくりました。

皆さんは百丈禅師の言葉で、どんな言葉をご存知ですか。一つ挙げるとすると、「一日なさざれば一日食らわず」。こう言われたのが、百丈禅師です。「一日でも働かないと、わしは食べんぞ」と宣言されたというんです。

ご高齢なのに、働くことをやめなかった。大衆と一緒になって働くことをやめなかった。見かねたお弟子さんたちが、鋤や鍬を隠しておいたというんです。そうしたら働けなくなりますね。すると機嫌が悪くなりまして、わしは食べんぞと、ハンガーストライキを始めたというんですね。

そういうわけで、私たちが教わったときは、九〇歳を超えて生きられたと教わったんです。九五歳とはっきり言う方もおられました。なるほど、九五歳になって働くのをやめなかったら、お弟子さんは道具を隠そうとするだろうと思いました。

ところが今は、六五歳で亡くなったと言われているんです。九五歳であったはずの方が、意外にも六五歳で亡くなったと。今はいろんな資料が出てきていますから、それによれば、どうも六五歳で亡くなったことが本当のようですね。ただ、六五歳と言いましても、昔の六五歳ですから、今の六五歳とはだいぶ違うと思いますが。そういう方が、この百丈禅師です。

「奇特の事」という問い

ある僧が、百丈禅師にお尋ねするわけです。「僧、百丈に問う、『如何なるか是れ奇特の事』」と。「奇特の事」というのはどういうことでしょう。皆さんが頭に思い描いてみてください。皆さん自身にとって「奇特」というのは、いったいなんだろうかと。それを、百丈禅師に、この僧がぶつけられたと、こういうふうに思ってみていただきたいわけです。

ちなみに山田無文老大師のご解釈ですと、「奇特の事」というのを「ありがたいこと、尊いこと」と読まれていますね。そのほか、いかようでもいいと思うんですけれども、この奇特という文字から、皆さんがこれまで生きてこられた人生を通して、思われることを思い描いていただいたらいいと思うんです。「奇特の事というのは、いったいどういう事なのでございましょうか」と、こう百丈禅師にぶつけたのです。

これに対して圜悟禅師――宋代の方で、この碧巌録の編纂者ですが、著語《じゃくご》、つまりコメントをつけていらっしゃいます。「言中に響有り、句裏に機を呈す。人を驚殺《おどろか》す。眼有るも曾て見ず」と。

まず「言中に響有り」と言っていますね。言葉の中に響きがあると言っています。ただ文字面《ずら》だけで見るなよ、ということでしょう。その言葉に響きがある。「句裏に機を呈す」。機というのは働きですね。原則として、心の働きです。ですから、必ずしも形となっては現れない働きです。「句裏に」つまり「この句のうちに」、句は文字として見えますが、そこに目に見えない働きが込められているぞ、と注意を促しております。ある方は、刃が隠されているぞ、と読んでいますね。

「人を驚殺《おどろか》す」。驚きというのはどういうことでしょうか。私たちが生きていく上に、なくてはならないものだと思うんですね。驚きがなくなってしまったら、ある意味で死んでいるのではないでしょうか。生きているということは、絶えず驚きをもって生きている、こうありたいですよね。未知のものにぶつかる。今まで私の世界になかったものだと思った時に、そこに驚きが生まれるんだと思います。

　死ぬまでこうありたいと思います。歳に関係ありませんよね。驚きがなくては嘘だと、こう思うんです。「人を驚殺す」。人を驚かせて殺す、というんですね。そして新しい人間としてそこに生まれ変わらせるぞ、とこういうわけです。真宗でいう「往生」とはこういうことだと思いますね。

「眼有るも曾て見ず」と言っています。これはどうでしょうか。私たち、まなこを備えているのですが、私たちのまなこで、今まで一度も見たことがなかった、そいつだ、という感じですね。言い方を変えますと、両の肉眼で見えるものではないぞと、心のまなこ、心眼が開けて初めて、見えるやつだぞ、と、こう言ってくれているのではないでしょうか。

これはそういう問いだぞ、と、圜悟禅師が示してくれているんだと思います。

「如何なるか是れ奇特の事」、言葉自体はありふれたものですね。例えば、「如何なるか是れ祖師西来意」、この問いのほうが、より大した言葉だと思えないこともないですね。達磨さんがはるばるインドから九十何歳にもなって、労苦を承知でインドから中国へ渡ってこられたのは、いったいどんなお心なのでしょうか、というわけです。ところが、ここには達磨さんは出てきません。「如何なるか是れ奇特の事」というだけです。

　じつは圜悟禅師はこちらの方を買っているわけですね。「如何なるか是れ祖師西来意」

という質問は、これまでに何遍もなされました。「如何なるか是れ仏法的的の大意」にしても同じことですね。何遍も問われてきたことです。しかし「如何なるか是れ奇特の事」というのは初めてかもしれない。

そこで、「言中に響有り」、ただの言葉と思ってはいかんぞ。「句裏に機を呈す」、その言葉の裏に刃が隠されている。百丈禅師の返事次第では、その刃を持って百丈禅師を殺しかねない、そういう真剣さがこの言葉には隠されているぞ、とでもいうのでしょうか。「人を驚殺す」と。人を驚かして、そこで喪身失命させてしまうような力のこもった言葉だぞ、と言っているんですね。「眼有るも曾て見ず」、両のまなこで見られることではないぞ、と言っているんだと思います。

「独坐大雄峰」

これに対して、こういう難問をぶつけられて「丈云く」です。百丈禅師はお答えになります。「独り大雄峰に坐す」と。わしが大雄峰に坐っている。これだ、というんですね。なんでもないことです。なんでもないことで答えているんです。「現にわしがこの山に独り坐っている。これが、奇特の事だ」と、こうなるんでしょうか。

観音経の世尊偈の中に出てくる言葉ですが「心念不空過」という文字があります。「心に念う、空しく過ごさざることを」。私たちで一番大変なのはこれなんじゃないでしょうか。心が空しいというのが一番大変な事態なのではないでしょうか。

いかがでしょうか。これが宗教の元だと思うんです。宗教が求められる元はここにあるんだと思うんです。どうにかして、この虚しさをなんとかしたい、なんとかできないか。これが宗教を求める私たちの原点ではないでしょうか。例えば、「空しいなんて感じたことはない、けれどもおれは宗教を求めている」というのも結構ですけれども、どこかで間違えると思います。そういう求め方ですと、いつか間違っていくんですね。

一番間違いのない宗教への近づき方といいますか、それは、この空しさをなんとかしたい。これだと思うんですね。ですから、ここで「奇特の事」というのは、まさにこの空しいという、我が心が空しいということと対極をなすのが、奇特の事ということだと思うのです。

だから容易ならぬ質問なんです。「奇特の事」とだけ言っていますが、それによって我が心の空しさが解消する、そういうことも百丈の答えの中に込められていなかったら、この僧は承知しないと思うんですね。「それで、三仏の一人なのか、二祖の一人なのか、許さんぞ」というような気迫をもって、百丈に斬りかかったのかもしれませんね。

それに対して、「独坐大雄峰」というのが、百丈禅師の答えです。どうしてそれが奇特の事なのか。また私たちの空しさを雲散霧消させてくれるものなのか。

馬祖の一喝――「百丈再参」

もう一つの大事として、百丈禅師の公案としては、「百丈再参」という話頭があります。百丈禅師が再び参ずるという話頭です。

百丈禅師は馬祖道一禅師の法を嗣いだ方です。皆さんもどこかで聞かれたことがあるかもしれませんが、鼻をつまれたことによって悟ったという方です。夕方でしょうか、馬祖道一禅師のお供をしていた時に、雁が飛び去ったそうです。「どこへ行ったか」と尋ねられ、「どこかへ飛んで行ってしまいました」と返事をするわけです。「わかりません、どこかへ行ってしまいました」と言ったら、馬祖禅師、本当にすごい方だったようですね。体つきからして、舌がどこまで伸びていくんでしたか、舌で鼻の先を舐められるんでしたか。そういう馬祖が百丈の鼻をつまみあげるわけです。

痛いですよね。百丈は悲鳴をあげる。馬祖にすれば「飛び去ってないじゃないか」、というようなもんですね。「ここにいるじゃないか」と。「痛い痛いという、こいつは何者だ。

飛び去った鳥と違うのか、同じなのか」。そんなふうに、鼻をつまみあげられて、そこでお悟りを開くわけです。

ところがその上でもう一度、大きなお悟りを開く場面が出てくるのですが、それが「百丈再参」ということで、言い伝えられているわけです。それによると、馬祖と百丈の間で問答があるわけですが、最後に馬祖は鼻をつねるのではなくて、大きな声で一喝するわけです。そうすると、それを聞いて、カラリと百丈が大悟できたと言われているのです。

そして三日三晩、百丈の耳は聞こえなくなってしまった。一喝に耳を占領されて、耳には一喝のみ。馬祖が放ったただ一喝が、百丈の耳に入り込んで抜けなかった。その三日間は聾唖のようになって、大悟したと言われているんですね。だからここで、「眼有るも曾て見ず」とありますが、「耳有るも曾て聞かず」、そういう体験を百丈禅師はされたわけです。

そういうことは知らずに、臨済禅師のお師匠さんである黄檗禅師――まだその頃は臨済は弟子ではなかったと思うのですが――、黄檗禅師が行脚のついでに百丈禅師のところへ行くわけです。

黄檗禅師は馬祖道一禅師を慕っておられた方です。なんとか一度、馬祖道一禅師にお目にかかりたいと思いつつも、なかなか因縁に恵まれず、お会いできなかった。そこで、百丈をお尋ねした折に馬祖のことを尋ねるんです。「あなたのお師匠さんの馬祖道一禅師はいま、どうしていらっしゃるか。どこにいらっしゃいますでしょうか」と。すると、「もうお亡くなりになった」と言うんですね。

黄檗禅師は非常にがっかりなさる。「ならば、何か一つでもいいから、ぜひ、どのようなことを生前おっしゃっていたか、聞かせていただきたい」と尋ねますと、百丈禅師は三日間、耳が聾唖になったという話をするんです。すると、こう伝え聞いただけで、黄檗禅師はだらんと舌を口から出したというんですね。心が空っぽになった時に、こんなふうになるそうですね。心の中を全て奪い取られた。そんな放心状態。馬祖の場合は舌で鼻を舐められたというんですけれども、黄檗禅師は口から舌をだらんと出して、これまた、悟ってしまった、大悟したというんですね。

すると百丈禅師は大変喜ぶんですね。自分の話を聞いただけで、黄檗は悟ってくれた。ならば「今はいないけれども、ぜひあなたは馬祖を師匠にすべきだ」と百丈が言うんです。すると「いや私は、伝えてくださった百丈禅師、あなたをぜひとも師匠にしたい」と言って、百丈の弟子として法を嗣ぐんです。

その時に百丈禅師が言った有名な言葉が今も残っているんですけれども、「見《けん》の師に過ぎて、まさに伝授するに堪えたり」という言葉を吐くんです。見というのは体験するということ。見るという働きは、身体中で見るということ。師匠を超えているような者であって初めて法を継がせるに足りると、こう言ったんです。師匠というのは自分です、百丈ですね。自分で言うんですから構いませんよね。そういう百丈であり、黄檗なんです。

からだと呼吸と心を調える

その百丈が、わしがこうやって大雄峰に坐っている、と。無文老大師によると、これが一番ありがたいことだと。言うわけです。百丈は言いませんよ、「おれがこうやっていることが一番尊い」とは。後世の人がそういうふうに受け取るわけです。

どうして百丈が大雄峰に坐っていることが、空しさを解消させることにつながるのでしょうか。それが大事だと思うんですね。そこに坐禅があるから。坐があるから。坐禅がそういう働きをするから。そういうことではないでしょうか。

妙心寺派に「生活信条」があります。臨済宗妙心寺派の標語といいますか、生活の心得といったものです。「一日一度は静かに坐って、身体と呼吸と心を調えましょう」。こういう一文があるんですね。

一日一度は静かに坐って、身体、呼吸、心、この三つを取り出して、これを調えましょうと呼びかける言葉です。これが根本的に空しさをなくす方法だと。

まず、身体を調えて、私は歳をとってなかなか身体も真っ直ぐに伸びないんですけれども、若い方はできるわけですね。身体を真っ直ぐにすることによって、内臓があるべきところに落ち着くんでしょうね。それだけでも、とってもいいわけですよね。

そして、その身体ともう一つ、――身体は肉体ですね、それと目に見えない、私たち一人一人が持っている心というものを、身体を調えたごとく調える。身体は調えられるんですね。外から見えますから。心は見えないから調えようがないのですが、身体を調えるがごとく、心を調えましょうというわけです。

ではどうやって目に見えない心を調えるかというと、呼吸を使って調えましょうということですね。呼吸がすごく大事になるんです。数息観などをやるんですね。坐りながら数を数える。それだけです。呼吸を調えようとすると、それにともなって身体が調っていく。身体が調えば調うほど、あるべきように真っ直ぐになればなるほど、身体の部分があるべきところに落ち着けば落ち着くほど、呼吸が楽になっていく。逆も言えますね。呼吸に引っ張られて、呼吸が長くなればなるほど、身体もしゃんとなって坐れるようになる。こういうかたちになってくるわけです。

それがそのまま、目に見えない心にまで影響を及ぼして、心がしゃんと坐る。そういうことですね。心がしゃんと坐り、身体もしゃんと坐れば、決して空しくはない。

身体が坐ったくらいで、心が坐ったくらいで、病気は治らないかもしれませんけれども、しかし、治る糸口にはなるかもしれませんね。だから現世利益ではないんです。坐禅をすると、お金持ちになりますとか、そんなことは誰も言っていませんね。裕福な生活をしたいとか、そんなことは別のことです。現世利益なんか何もない。しかし少なくとも言えることは、この空しさが消えていくということ。

今までどんなことをやっても空しさが抜けなかったんです。ところがまさに、驚殺ですね。驚くべきことに、身体を調え、呼吸を調え、心を調える、それだけで、どうしてもなくならなかった空しさがない、と発見した時の驚きはすごいと思います。何をやっても消えることのなかったことが、畳半畳あればできるわけです。

あれほど、どうやっても抜け落ちなかった空しさがない、という。そうしたら、坐禅というのは大事業をやっているのと同じではないでしょうか。時にはどんな大事業よりも大きな事業を坐禅はやっていると。こう言っても差し支えないことですね。

「丈、便ち打つ」

そこをやはり、百丈禅師は言ってくれているんだと思います。「独坐大雄峰」、わしがこうやって坐っている、と。

そこへ、圜悟禅師が下語《あぎょ》して、「凛凛《りんりん》たる威風四百州」と言っています。四百州とは大中国全土です。凛凛たる威風が中国全土に行き渡ったぞということです。けれどそれに比べたら、「坐者立者二つながら倶に敗欠」と言っています。独坐大雄峰の一声で、中国全土に凛々たる威風が走った、全土を覆った。けれど、坐者というのは百丈、立者というのは質問した僧ですが、二人ともに敗れたぞ、とこういうわけです。

質問した僧に当ててみると、このような答えが返ってくるとは思っただろうか、思ってもみなかった答えだろうと。それで、どうだ、と言っているわけですね。これほどしっかりした答えがほかにあるか、というようなことですね。

百丈の立場に立てば、初めて見えた修行僧に、独坐大雄峰という、とっておきの言葉、珠玉の言葉を吐き出さなくてはならなかったと。それくらいこの修行僧もしたたか者だということです。こうして二人を共に持ち上げているんだと思います。「抑下《よくげ》の托上《たくじょう》」ということでしょう。言葉の上ではけなしながら、二人ともよくやったと持ち上げているんだと思います。

すると、「僧礼拝す」。百丈の言葉を聞いて、僧は何を思ったか、さっと礼拝。これは五体投地という丁寧な礼拝だと思います。体の五つの部分を大地につける丁寧な礼拝です。
「お示しありがとうございました」と言わんばかりに礼拝したわけです。

そこに圜悟が下語して、「伶俐《れいり》の衲僧《のうそう》」、賢い行脚僧だと褒めているわけですね。そして「也《ま》た恁麼《いんも》の人有りて恁麼の事を見んと要《ほっ》す」と。もう一度こういう光景を見たいものだ、と口で言っているんですね。しかし、このような光景はこの場限りで未来際二度とは見られまい。それくらい見事な問答だ、ということですね。「也た恁麼の人有り」、またこういう修行者がいて、「恁麼の事」、百丈のような人がいて素晴らしい答えを出す、これを私は見たいと思うと、言葉の上では圜悟禅師は述べているわけです。

ところが、そんな素晴らしい応答なのに、「丈、便ち打つ」。百丈禅師はぴしりと礼拝した僧を叩いた。これはいったいどういうことか。

そこに下語して、「作家《さっけ》の宗師」、これは百丈のことですね。さすが百丈だというわけです。打ったことを認めて、よくぞ打った、そうでなければならないと。

その次の「何故ぞ来言《らいごん》豊かならざる」、これは行脚僧に向けて言ったと言われていますが、「何故にか来言豊かならざる」でしょうか、もう少し言葉を添えてほしかった、と。僧の質問も短いですね、「如何なるか是れ奇特の事」と。「独坐大雄峰」と聞かされて、言葉でなくて礼拝、行為でもって対するわけです。「何故ぞ来言豊かならざる」、もう少し言葉を出してもよかったのではないか。

しかしいずれにしても、「令は虚しくは行われず」。令というのはビシッと叩いたということです。それは決して根拠なしに振るわれたのではない。そう圜悟禅師は言っているんですね。

先ほど申し上げた、百丈再参という話頭と、もう一つ臨済録に、臨済栽松の因縁という話頭があるんです。この二つは並び称されて、臨済宗の最後の大事を尽くす公案だと言われているんです。百丈再参、臨済栽松の因縁、並べられて、そう言われているわけです。ならば、最後の大事とはいったいなんでしょうか。

最後の大事とは

それが、十牛図《じゅうぎゅうず》で言いますと、第七図から第八図への移行なんですね。それを最後の大事と言って押さえている。第七図も素晴らしい絵が描かれているわけです。一図から始めて七図までたどり着いた若者が——そこでは求めていた牛も消えております——、何をするわけでもない。沈みゆく太陽に向かってか、昇り来る太陽に向かってか、あるいは月に向かってかわかりませんが、ただ合掌している図が描かれているんですね。そしてそれを、消さなくてはならないというのが、最後の大事だというんです。大自然に向かって感謝のまことを捧げているんですよね。人間として感謝のまことを捧げている。なに悪かろうはずがない姿なのですけれども、それではだめだと。まだ「さび」が残っているというわけです。

いわゆる仏見・法見を全て取っ払わなければいけないというんですね。いいことにも捉えられてはだめだというんです。悪いことに私たちは捉えられておりますけれども、それはいやだと思いながら、捉えられているわけですね。困るなと思いながら、煩悩に捉えられ続けているわけです。ところが、いいことは違いますよね。私たちはいいことは捨てようがないですよね。ところが、そうではないんだ、いいことも捨てなくてはならないんだと。

では、いったいどうしたら、というと、第八図です。何もないという世界。これが大事です。臨済禅師は言っています。自分が一番したいことは、「物に依らずして出で来たれ」と。自分を訪ねてくる修行者に向かって、自分は何しているかといったら、「病を治し、縛を解く」と言っています。病は必ずしも肉体の病ではないと思います。心の病も含むでしょう。悩まなくていいものを悩んでいる、そういう悩みをとってやる。あるいは縛、縛りですね、縛りを解いてやる。そういうことを自分はやっているんだけれども、それは自分が本当にやりたいことではないと言っている。自分が本当にやりたいことは何か。

わしの目の前に出てくるときは、「物に依らずして出で来れ」と。つまり無一物で出てこいということです。空になって、空に開かれて、わしの前に出てきてほしい。そういう修行者を待っているけれども、一五年来、待ちに待ったけれども、無一物で出てきた修行者はおらん、そう言っています。

そういう修行者だったのかもしれないですね、この百丈の前に出てきた僧は。まさに仏見・法見も取っ払って、何もない無一物のまま、百丈の前に出てきたのかもしれませんね。だから、百丈は知ってか知らずか、いい加減なことを言ったら、どんな目に遭うかわからない。仏見・法見ですら捨て切った人物に向かって、いったい何が「奇特の事」か、答えなくてはならないわけです。これは百丈にしても、えらいことだと思うんですね。ところが、「独坐大雄峰」と答えて、見事に答え切ったぞと。こういうことです。この根本には、坐禅には、そういう力があるということだと思います。

そして臨済禅師は、そんな無一物で現れ出た修行者と、心ゆくまで話し合いたい、「我れ汝と共に商量せんことを要《ほっ》す」と言っているんですね。ですから、そういうことを考えれば、どうでしょうか。「何故ぞ来言《らいごん》豊かならざる」がひびいてきますね。それほどの修行者だったら、物によらずに百丈の前に出てきた修行者なら、もう少し言葉があってもよかったのではないか。百丈和尚と問答を交わしてもよかったのではないか。そこにどんなことが、やり取りが繰り広げられるかですね。「話り尽くす山雲、海月の情」ですね。ところが、計り知れないものがあったのに、ほとんど語らなかった。

しかし、最後は「令は虚しくは行われず」。百丈が打った一棒というのは、みだりに打ったわけではないと言っているわけです。警策で打つというのには、二つの意味があると言われています。一つは賞棒です。「そうだ、そこだ、忘れるな」という意味で打つ。もう一つは、「そんなんじゃ、だめだ」と、「眠ってちゃ、だめだ」と打つ。罰棒ですね。両方の意味がある。

この百丈の一棒というのは、両方を含んでいると思います。賞棒であると同時に罰棒でもある。そういう根本的な棒だと思いますね。棒を振るう人にその自由があるわけです。罰棒を下すか、賞棒を下すか。その自由は、棒の持ち手にあります。打つ人にある。百丈の一棒はその両方を含んでいるんだと思います。

確かに「伶俐《れいり》の衲僧《のうそう》」です。言い訳をせずにさっと頭を下げた。「お示しありがとうございます」と。そこでビシッと棒が飛びます。確かに賞棒でしょう。しかし、頭を下げればいいというものではないですよね。そこにとどまっていてはだめだぞ、という意味も含んでいると思います。わしの前ではそれでいいけれども、これが最後になってはいかんぞと。もっともっと活躍してもらわなくてはならないわけで、頭を下げればいいというものではないぞと。
「衆生無辺誓願度」です。世の中には、悩み苦しんでいる人が数限りなくいる。一人残らず、そういう人を救わんと誓う。誇大妄想のような誓いを立てるわけであります。これは一生やってもできることではないですね。けれどもその願を担って生き続けていくことが大事なのですね。それで、そちらへ向かって願輪を転じて生きていけと。こういうことが込められている一棒であると思います。

「機輪いまだ転ぜず」

頌にまいります。「祖域 交《こもごも》 馳《は》す天馬《てんま》の駒《く》」。祖域というのは、達磨さんから以降の中国のこと。「交馳す」、行き交うんですね。西から東、東から西、北から南へと馳せ交《か》う。「天馬の駒」。天馬は馬祖を思わせますね。駒は若駒ですから、馬祖の後継の百丈。馬祖は八十数名の後継者を出したと言われていますが、その後継たちが、東から西へ、西から東へ、南船北馬、こもごも中国中を走り回っている。

しかし、そこに著語して圜悟禅師が言っているのですが、「五百年に一《ひと》たび間生《かんしょう》す」。五百年に一人出る。それはこの百丈だと言っているわけです。「千人万人の中に一箇《いっこ》半箇《はんこ》有り」。千人万人あるうちの、一人か半人だと。それくらい難しいことだと。「子は父の業を承《う》く」。子は百丈、父は馬祖でしょう。子は父の成したことを受け継いでやっていく。そう下語しています。

しかし、「化門舒巻《けもんじょけん》して途を同じくせず」。接化の方法ですね。衆生済度の方法は、「舒巻」して、舒は開く、巻は巻く、です。放行、把住です。舒が生なら、生かすなら、巻は断つ、殺す、ですね。ある時は放行して、ある時は把住してやるわけですけども、方法は必ずしも父と一緒ではない。馬祖と一緒ではない。化門舒巻、巻いたりひろげたりするのはみな同じだが、やり方をつぶさに見れば、必ずしも馬祖の真似をしているわけではない。百丈のやり方でやっている。

そこに著語して、「已に言前に在り」。既にそれは、言葉に出る前にあるんだ。百丈その人にあるんだ、もっと言えば、百丈その人の脚下にあるんだ、ということになりますね。その脚下にある、足元を見よという。その脚下にある、そこに百丈は通じているわけです。「已に言前に在り」です。独坐大雄峰にとらわれてはいかんと。独坐大雄峰が素晴らしいのではないぞ、というわけです。ことに応じて、独坐大雄峰と出せる百丈その人、その人が脚下に開かれている、空に開かれていることが大事なんだ、ということだと思います。「已に言前に在り」。言葉じゃない。言葉に惑わされるなよ。

さらに、「渠儂《かれ》自由を得たり」。渠儂というのは百丈でしょうね。彼はそのように自由自在に生きている男だ。「他《かれ》に作家《さっけ》の手段を還《かえ》せ。」馬大師よ、もう百丈に任せたらよろしいと。そう著語しています。

「電光石火、機変を存す」。電光石火です。独坐大雄峰と聞いて、僧は今度はさっと自分の質問を投げ捨てて礼拝した。

著語して、「劈面《へきめん》に来たる」と。「如何なるか是れ奇特の事」というときは、もう真っ向から天下の名刀を振り下ろしてきた、というわけでしょうね。「左転右転す」。それを受けて左転し、右転した。まず独坐大雄峰と答えた。それが左転だったら、右転は、僧がそれに対して礼拝したのに対して、ピシリと一棒を打ったこと。「還た百丈の為人《いにん》の処を見る也無《や》」。百丈の、人のためにするところをしっかりと見て取れたかな。そう下語しています。

「笑うに堪えたり人の来たりて虎鬚《こしゅ》を捋《ひ》くは」。一番最後に、このような大人物である百丈の元に来て、百丈の虎の髭を引き抜こうと引っ張ろうとしたけれども、危ない危ない。一棒を加えられただけで解放されてよかったなと。そう表面では言っていますが、これも抑下の託上で、なかなかの行脚僧だということだと思います。

そこに著語して、「好し三十棒を与《あた》えん」。ビシッと一棒どころか三十棒を与える値打ちがあるぞ、ということでしょうか。「重賞の下には必ず勇夫有り」。苦労して功成し遂げた、そういうものを褒め称える。それでこそ勇夫が集まってくるというんですね。ものの値打ちのわからない人の元には人は集まらない。

そして、集まってきた勇夫たちは「喪身失命を免れず」。身を失うことも苦にしないで、その人のために働く、と。だからことの良し悪しをしっかりと判断することが大事なんだと言っておいて、「闍黎《そなた》の一著を放過す」。わしも――圜悟禅師ですね、百丈和尚と同じくそなたに一棒を与えたいのはやまやまだが、今日はやめておく、と言っていますね。打つのが能ではないですよね。この修行僧を認めているわけです。そういう一段であったと思うわけです。

「機輪《きりん》未だ転ぜず」という言葉があります。転ずれば、必ず両頭に別れるというんです。機輪が転ずる、転がり始めると、輪が動き始めると、二つに別れるというんですね。良いとか悪いとか、天と地というように別れるというんです。その前ですね、「機輪未だ転ぜず」。これを大事にしてきたんですね。両頭に別れない、その前を大事にしてきたのが、禅宗だと思うんです。

ですから、独坐大雄峰という言葉じゃないぞ、というのもそうですね。独坐大雄峰というのはある意味で言葉に出ている、別れているわけですけれども、百丈の人《にん》が大事なんだぞというのは、これだと思います。

そして「機輪《きりん》未だ転ぜず」というところに、臨済がいう人を見ているんですね。ですから、修行を成就した若者も、一度消されなくてはならないと。こういうことですね。そこで初めて、「機輪未だ転ぜず」という事態が生じるのだと。

独坐大雄峰という言葉は生まれたけれども、両頭に走るまでに至っていないところです。萌芽ですね。両頭に分かれる萌芽が生まれたということだと思うんです。それがぐっと成長して両頭に別れていく。分別という世界に別れていく、ということだと思います。

体、金風に露わる——第二七則「雲門体露金風」

【垂示】垂示に云く、一を問えば十を答え、一を挙すれば三を明らめ、兎を見ては鷹を放ち、風に因って火を吹く。眉毛を惜しまざることは則ち且《しばら》く置く。只だ虎穴に入る時の如きは如何。試みに挙し看ん。

【本則】挙す。僧、雲門に問う。「樹凋《しぼ》み葉落つる時、如何《いかん》」。雲門云く、「体露金風」。

【頌】問いに既に宗《しゅう》有り、答えも亦た同じき攸《ところ》。三句辨ずべし、一鏃《いちぞく》空に遼《はるか》なり。大野は涼《りょう》飈《ひょう》颯颯《さつさつ》たり、長天は疎《そ》雨《う》濛濛《もうもう》たり。君見ずや、少林久坐未帰の客、静かに依る熊耳《ゆうじ》の一叢叢《いっそうそう》。

虎穴に入る時

「垂示に云く、一を問えば十を答え、一を挙すれば三を明らめ」、これは頌を見てください。頌の出だしで、この問答を雪竇さんがどう見ているかと言いますと、「問いに既に宗《しゅう》有り、答えも亦た同じき攸《ところ》」と言っていますね。問いも素晴らしければ、答えも素晴らしい問答だと言っているんですね。

そこでちょうど、「問一答十、挙一明三」と二句ずつ言葉を置いておりますから、問うた修行者と答えた和尚として見ていったら面白いのではないかと思います。そうやって見てみます。

まず最初の一句「一を問えば十を答え」、これは和尚さんの方ですね。和尚たるもの、修行者から一を問われたら、十を答えるくらいの親切心がなくてはならんぞ。これは圜悟禅師からの、外野からのコメントです。

一方の修行者の立場では「一を挙すれば三を明らめ」、和尚が一をあげれば、他の三つの隅をも明らめることができなければ、修行者の資格はないぞ、といっておられる、と見てはいかがでしょうか。いろんな見方はありますけれども。

「兎を見ては鷹を放ち」、あそこに兎が動いていると見たら、鷹を放つんだそうですね。犬よりも鷹の方が確実に兎を追い続けるそうです。空から見ていますからね。空中撮影のようにですね。これが和尚の立場。和尚は全般をよくよく見通す立場に立っていなくてはならない。

「風に因って火を吹く」。これが修行者たるものの立場だ。風の向きによって火を吹くというのは、非常に、やりやすいんですね。火の方向を見定めて火を起こすのならば。

指導者は大切です。これが「兎を見ては鷹を放ち」ですね。いかに指導者の目が大切か。雲水は雲水たるもの、指導者の言を信じて、「そっちへ行け」と言われたら行くんです。切れと、言われたら切る。先日、太通老大師の指導の下、雲水が園頭の奥の樹木を剪りました。片付けますと、駐車場の三分の一を占めました。そうすれば、あれだけの木が、あっという間に剪れるんですね。

「眉毛を惜しまざることは則ち且《しばら》く置く」。和尚があまり説きすぎると、眉毛が落ちるぞ、と言われているが、落ちても構わない。なんとしても説かなくてはならん、説きたいのだ。当然だ、ということですね。しかし、それだけでは済まないところがあるぞ、というんです。

それはどんなところかというと、「只だ虎穴に入る時の如きは如何」。これは修行者ですね。修行者が虎穴に入る、虎の子を奪うために。虎の穴も辞さない、親の虎がいるところに入るのも辞さないのが修行者だぞ、と言っているんですね。そんな時はどうするか。相手がボンクラなら、眉毛が落ちるほど説けば済むかもしれないけれども、それで済む相手かな、ということです。非常に優秀な修行者がやってきた時はどうだろうか。

では、その優秀な修行者とはどういう者か、ということにつながっていきます。

「物に依らずしていで来たれ」

本則です。「挙す。僧、雲門に問う」。ある僧が雲門禅師に問いかけました。「樹凋《しぼ》み葉落つる時、如何《いかん》」。これが素晴らしい問いだと言われているんですね。ここに圜悟禅師が著語を入れておりますから、読むだけ読んでみますと、「是れ什麼《なん》の時節ぞ」と入れています。この問いはどういうことか。「家破れて人亡び、人亡びて家破る」。人も家も、破られかねない。人境倶奪の大変な時節だぞ、と。

そういう僧の問いに対して、「雲門云く、『体露金風』」。雲門禅師が体露金風と答えられた。これまた素晴らしい答えだと言われています。ですから、修行者も素晴らしい、和尚も素晴らしい、そういう二人の出会いの問答だというわけです。

師資相承という言葉がありますね。師匠と学人です。この問答は師匠も素晴らしいし、学人も素晴らしい。その二人の出会いです。なぜそういうかというと、「樹凋《しぼ》み葉落つる時、如何《いかん》」の解釈の仕方なのですね。

前の第二六則は「百丈奇特事」の則ですが、そこで「百丈再参」の公案にも触れました。百丈という方は、私たち禅門にとってはなくてはならない人ですが、その百丈が馬祖のお供をした時に、空に雁が飛んでいくのを見て、馬祖に「どこに飛んで行ったか」と聞かれ、とっちめられた挙句に悟るわけです。それは誰もが知っていることですね。百丈開悟の因縁です。

ところが百丈再参の方はあまり知られていないと思います。というのは、開悟の因縁の方はみんな勉強しますが、百丈再参の方はみんなが勉強するというものではないんですね。百丈が再び馬祖に参ずるわけです。その中で、百丈は馬祖の一喝を受けるんです。身が割れるような一喝を受けて、記者、ライターはなんと書いているかというと、「丈、大悟す」。大きく悟ったと書いているんです。大の字が付いているのは滅多にないですが、馬祖に一喝されて大悟を得た。だから、開悟の時の悟りとは違うんですね。

ならばどう違うか。十牛図で言いますと、第七図と第八図の違いです。第七は、第一から修行してきた若者が、まだ描かれています。修行は成就したんです。その若者が描かれているんですね。しかし第八になりますと、一円相が描かれているだけで、何一つ描かれていないわけです。この違いですね。

言い方を変えれば、第七の図は、いわゆる煩悩、妄想をこそげ落とし切った若者がそこにいるわけです。感謝のまことを捧げて、月か太陽に向かって合掌している姿が描かれています。ところが第八図になると、その若者さえ描かれない。それを別の言葉で言うと、第七は、悟ったという自分が残っているんです。これが問題なんです。煩悩妄想をこそげ落としたのは結構ですが、それを成就した自分が残っているということ。これが厄介なんですね。

ところが第八図はそれすらない。そこまで行くわけです。進んでいく、というのは良い表現ではないにしても、悟りの跡も、消していかなくてはならない。まさに、ここの僧は、第八図のところに来ている僧だと見られているんです。

言い方を変えれば、臨済録にある言葉ですが、「物に依らずしていで来れ。我汝と共に商量せんことを要《ほっ》す」。「物に依らずしていで来れ」、これはまさに第八図ですね。第七図はまだ悟りの痕跡が残っていますから。悟りによって出てきている、そんな若者の姿が描かれている。しかし臨済が本当に問答をしたいのは、第八図だというわけです。第八図まで進んだ人物だと。それが「物に依らずしていで来れ」です。

自分が普段やっていることは何か、と臨済がいうんですね。「一法の人に与うるなし」。法は真理と捉えれば、一つの真理さえ、自分はわしを訪ねてくる相手に渡してはいないというんです。自分がやっていることはなにか。それは、自分を訪ねてくる修行者に向かって、その修行者が抱えている病を治してやることが一つ、もう一つは、縛りを解くこと。不自由な状態で訪ねてくる修行者、問題があるからこそ、訪ねてくるわけですから。自分が不自由である、自由になりたいから訪ねてくる。そういう者に、縄を解いてやる、と。「自縄自縛」と言いますね。大抵は、自分で自分を縛っている。自分で縛っている縄を解いてやる、それくらいのことしか自分は普段やっていない。

だけれども、自分が本当にしたいのは、そんなことではない。「物に依らずしていで来れ」。無一物で自分の前に出てきてほしい。煩悩なんか引っ担いでくるのはだめだと言っているんです。しかし、大抵はそうだ。だから仕方なくやっているんだ、しかしそれは本意ではない。本当にしたいのは「物に依らずしていで来れ」。煩悩妄想はもとより、悟りなんかも引っ担いでくるな、そういう男と、私は心ゆくまで話し合いたい、語り合いたい。語り尽くしたい、こういうふうに臨済禅師は語っておられます。

「物に依らずしていで来れ」。ここを大悟というんですね。これは大事なことだと思うんです。そういうすごい人物が、雲門を訪ねて行ったわけですね。まさに、雲門は虎ですが、虎の穴に怖じずに入っていった。それができたのは、無一物だからです。とらわれるものを何も持っていないからですね。

だから、禅でいう「人物」というのは何か。それは「物に依らず」、無一物の人物。これなんですね。頭がいい、知識がすごい、という人ではないんです。無一物で、訪れてくるものこそ、臨済は待ちかねているというんですね。ここでは臨済ではないですが、とうとう、そういう人物が雲門の前に現れたわけです。

それが「樹凋《しぼ》み葉落つる時、如何《いかん》」と。樹を煩悩と捉えれば、そんなものは凋んでしまっている。悟りという菩提心がありますが、その菩提という葉っぱも落としてしまっていると。何も抱えていない男。ある言い方をすれば、失うものを何一つ持たない男。そういう男が訪ねてきた時、どういたしましょうか、どうされますか、という質問だということですね。

何も持たないのですから、「是れ什麼の時節ぞ」。いったいこれはどういう時節なのか。家がこわれているではないか、人もいないぞ。人が亡びれば、家もだめになりますね。いったい何を言っているのか、と、圜悟は野次っているのですが、よくよく「樹凋《しぼ》み葉落つる時、如何《いかん》」ということを見落とすなよ、と言っているのですね。

それに対して、「雲門云く、『体露金風』」と。「体、金風に露《あらわ》る」。体というのは本体。我々の自性です。本有の自性が、持って生まれた自性が、金風にあらわれているぞ、吹きかける秋風に、あらわれているぞ。秋風が、体、自性そのものだ、というんですね。

するとこれは、「十牛図」の第九図ですね。そこでは自然の情景しか描かれていません。ある図では、流れる川、その岸辺にある老木ですね。人間は描かれていない。その人間の本性が、金風にあらわれている、つまり、描かれている川の流れが、そこに花咲く樹が、我々の本有の自性だ、というのですね。そんな答え方を雲門禅師がされたということです。

雲門の三句――「函蓋乾坤」「截断衆流」「随波逐浪」

雲門禅師は言葉の素晴らしさを大いに発揮されたお坊さんですが、その言葉は難しいと言われています。何を言っているのか見当がつかない。易しいようで、とても難しいと。生きている頃から、そう言われたのでしょうね。そこでお弟子さんの徳山縁密という方が、師匠の言葉を理解するためには、次の三つのことに目を当てるといい、と言い出したんですね。これがまた的確で、流行ったんです。雲門の句に出会ったら、この三つを思い出していただきたい。

それは何かと言いますと、一つは、「函蓋乾坤《かんがいけんこん》」という言葉です。乾坤は天地、函蓋は箱と蓋。ピタッと合うというんですね。二つ目は、「截断衆流《せつだんしゅる》」。諸々のあらゆる流れを断ち切るといっているんですね。三つ目は「随波逐浪《ずいはちくろう》」。波にのって浪を逐うです。これを「雲門の三句」といいます。

「函蓋乾坤」というのは、天地いっぱいという意味です。一部ではなく、どこもかしこも、ピタリ一枚、ということです。

二つ目の「截断衆流」は、あらゆる流れ、特に煩悩の流れです。あらゆるですから、悟りもひっくるめてということです。それを断ち切る。断ち切れた人物こそが、「物に依らず」と言えるわけです。

三つ目の「随波逐浪」は、今風に言えば「自由」ということですね。一つめと二つめを成就することによって、本当の自由が得られる。そう思っていただきたいと思います。

本則をみてください。「体露金風」と言っていますね。ここに、圜悟禅師が著語を四つ置いています。ちょうどこれが、三句を言い得ていると思います。この著語で、三句を勉強して見たいと思います。

「体露金風」と、僧の質問に対して雲門は答えました。その真意はなにか。それを解き明かすには、三つのことを思ってください、と、お弟子さんが言ってくれているわけですね。

そこで圜悟は次の四つを挙げています。「天を撑《ささ》え地を拄《ささ》う。釘を斬り鉄を截る。浄裸《じょうら》裸《ら》、赤洒洒《しゃくしゃしゃ》。青霄《あおぞら》に平歩す」。

まず「天を撑《ささ》え地を拄《ささ》う」。これは何でしょうか。一つ目の、「函蓋乾坤」ですね。天地いっぱいというんです。これが天を支え、地を支えているのだ。

次が「釘を斬り鉄を截る」。昔は読み方が「ていときり、てつときる」でしたか。今とは違いましたね。独特の読み方をしました。それくらいのことなんです。二つ目の「截断衆流」ということですね。釘はもちろん、鉄をも切るぞ、と。どうしてここで特別な読み方をしてまで伝わってきたかというと、古人はこの「截断衆流」ということに思いを込めたんだと思います。だからこそ、独特の読み方を添えて、伝わってきたのですが、今は言い方を直していますから、そういうことが分からなくなってしまっていますね。これが、「截断衆流」、諸々の流れを断ち切る、ということです。

そしてその次が、「浄裸《じょうら》裸《ら》、赤洒洒《しゃくしゃしゃ》」。これは何でしょうか。これが一つ目と二つ目を一緒にしたことを言っているんだと思いますね。諸々の流れを断ち切るというと、何もないと思われかねませんが、そうではなく何もなくなったところに、天地いっぱいの命が感じ取れるわけです。それが「浄裸《じょうら》裸《ら》、赤洒洒《しゃくしゃしゃ》」。

皆さんの知っている言葉で言えば、「空」ですね。私たちが「色即是空」の空に開けることによって、そのような世界が作られるわけですね。作ると言っていいと思います。作り出されるわけです。ただあるわけではない。我々が空に開かれると、そこに「天を支え、地を支う」という世界が産み出されるということです。だから「ある、ない」というものではないんです。産み出さない限り、ないでしょうね。だから、ないというのも本当でしょう。しかし作り出した人たちにしてみれば、ある。それも本当なんです。その違いでしょう。

そして最後の「青霄《あおぞら》に平歩す」というのが、自由自在という意味ですね。このいろんなややこしい問題が織り成されている現実の世の中を、「青霄《あおぞら》に平歩す」るように、そのように生きていけるというのですから。自由に歩ける。問題がないからではなくて、問題がある中を、自由に歩いていける。それが「随波逐浪（波にのって浪を追う）」という世界です。

ここを、臨済録では「妙応《みょうおう》無方《むほう》」と言っています。どこからどんな問題がやってきても対応できるという意味です。妙は、点数がつけられないという妙ですから、驚くような対応ができるということです。

次に頌にまいります。「問いに既に宗《しゅう》有り」。問いました、「樹凋《しぼ》み葉落つる時、如何《いかん》」。これは第八図です。問いがすでに、「本来無一物」との宗旨を持っているのだ。「答えも亦た同じき攸《ところ》」。答えも宗をもって答えている。「三句辨ずべし」。ここで三句が出てきました。この三句、わかるかな、という意味です。

ここら辺も面白いですね。著語を見てみましょう。「上中下」と言っています。三句が出てきましたが、「三句とは、上中下のことか」と、知らんぷりしているんですね。「如今《いま》是れ第幾句ぞ」。三句のうちの今は、どの一句が問題なのか。三句が全部問題なんですが、それを承知で揺さぶりをかけているんです。惑わされない、ということが大事なんですね。「須是らく三句の外に向《お》いて薦取して始めて得《よ》し」。最後にこれはちょっと本心が出ていますね。三句に捉われてしまうとだめだぞ、と言っています。三句は確かに大事だ。しかし、それに捉われて、雲門の一句は三句で探ればいいんだ、などと思ってしまうと間違えるぞ、という意味です。こういう老婆心が圜悟禅師にあるから、この著語になったわけです。

わかったということを本当に証明するには、自由にならなくてはならない。自由が生まれない限り、雲門の一句もわかっていないということです。そして最後に、「三句なんかにとらわれるなよ。本当にわかったら、ピタリとそれは、お弟子さんが言っている三つの言葉に、合《かな》っている」というわけです。

「三句辨ずべし」。三句をしっかりとつかまえなくてはいかんぞ、と言っておきながら、「一鏃《いちぞく》空に遼《はるか》なり」。一本の鏃は、空の彼方に消えてしまったぞ。三句なんかを弁じている間に、もう肝心の矢は空の彼方に消えてしまったぞ、遅い遅い、というわけです。三句なんかにとらわれていると、遅い遅い、というのです。「体露金風」、出た時にパッとつかまえなくてはだめだ、と言っているんだと思います。

ところで、今までは法理《ほうり》で話してきたわけです。理屈、道理で話してきたのですね。それに対して、法味《ほうみ》という言葉があります。今までは、雪竇さんの頌は、法理で書かれてきたと思うんですね。それが、ここからは法味に変わっていくのですね。理から情へ、といえばいいでしょうか。

法味から言いますと、「大野は涼《りょうひょう》颷颯颯《さつさつ》たり、長天は疎雨《そう》濛濛《もうもう》たり」。法味で味わうと、こういう世界が生まれてくるということですね。

「大野は涼《りょうひょう》颷颯颯《さつさつ》たり」。中国大陸ですから、すごく広やかだそうですね。日本では、ちょっと想像できないくらい大きく広いそうです。そこへ涼しい旋風がさっと立っている、「風立ちぬ」というわけです。「長天は疎雨濛濛《そうもうもう》たり」。空も広いんでしょうね。好天なら遠いところまで見えるのでしょう。「疎雨」は荒っぽい雨ですから、大粒の雨が降って、もうもうと、もやが立ち込めている、というのでしょうか。いわゆる、「函蓋乾坤」、一つという意味です。

そして、見えなくしておいて、「君見ずや」と言うわけです。「君見ずや、少林久坐未帰の客」と。達磨さんのことですね。魏の国へ行って、少林寺で九年間坐ったと言われているわけです。そして、まだ帰ったとは聞いていない。杳として消息を絶った達磨さん。消息を絶ったことが、「疎雨濛濛《そうもうもう》たり」ですね。現実にはいろんな出来事があります。だがもう、お亡くなりになったかもしれないが、「疎雨濛濛《そうもうもう》たり」で、はっきりとはわからない。

その「未帰の客」達磨さんが、「静かに依る熊耳《ゆうじ》の一叢叢《いっそうそう》」。これは時代が下ってから作っているので、本当はわかっているわけですね。静かに少林寺の一角、熊耳山の草むらの中、眠っておられる、というわけですが、それは表面の意味ですね。実際はどのように読んだらいいのでしょうか。

「疎雨濛濛《そうもうもう》たり」で、私たちの目を見えなくしましたね。そこで、目が潰れた時にどう見るか、ですね。我々は目が見えますから、見える範囲内で見ているのですが、その目が見えなくなったらどうなるんでしょうか。見えないだけに、心眼が開いて、もっと見えるようになるかもしれませんね。そういうことを言っているんだと思います。「疎雨濛濛《そうもうもう》たり」で見えなくしておいて、「見ずや」。見えないかと言ったら、心眼で見るしかないですね。「少林久坐未帰の客」。あの達磨さんが、静かに坐禅しておられる。「静かに依る熊耳《ゆうじ》の一叢叢《いっそうそう》。」実際は眠っておられるのでしょうけれども、まるで生きているような感じですね。

生きている、と、見えるか、見えないか。それは我々一人一人にかかっているんだと思います。見えるという人には見えるし、見えない人には見えない。あるいは、見えないと言っていても、見える。達磨さんは亡くなっていない、草むらで坐っている、という人もあるでしょう。いろんな方があっていいと思います。禅の歴史は、そういうことでつくられてきたのだと思います。

一番厳しい例が、達磨さん自身ですね。本当におられた方なのか。それとも伝説の人なのか、いまだにはっきりしませんね。しかし、そんなことは関係なく、達磨さんはおられるとして、禅宗はやってきたんです。一つの真実だと思います。

人のために説かざる法——第二八則「涅槃和尚諸聖」

【本則】挙《こ》す。南泉、百丈の涅槃和尚に参ず。丈問う、「従上の諸聖、還《は》た人の為に説かざる底《ところ》の法ありや」。泉云く、「有り」。丈云く、「作麼生《そもさん》か是れ人の為に説かざる底の法」。泉云く、「不是心《ふぜしん》、不是仏《ふぜぶつ》、不是物《ふぜもつ》」。丈云く、「説き了《おわ》れり」。泉云く、「某甲《それがし》は只だ恁麼《いんも》、和尚は作麼生《そもさん》」。丈云く、「我又た是れ大善知識にあらず、争《いか》でか説くと説かざると有るを知らん」。泉云く、「某甲《それがし》会せず」。丈云く、「我太《はな》煞《は》だ你が為に説き了《おわ》れり」。

【頌】祖仏は従来、人の為にせず、衲僧は今も古も、競頭《われがち》に走る。明鏡の台に当って列像殊《こと》なり、一一南に面して北斗を看る。斗柄《とへい》垂《た》るも、討《たず》ぬるに処《ところ》無し、鼻孔を拈得《とら》えられ口を失却《うしな》う。

「不説底の法」とは

この則は垂示が欠けています。昔はあったはずなんですが、原本が焼かれてしまったので、再び刊行されたものの、ここにあるべき垂示が見つからなかったということでしょう。「挙《こ》す。南泉、百丈の涅槃和尚に参ず」。南泉という和尚さんは有名ですね。猫を斬ったというエピソードがあります。その南泉和尚が「百丈の涅槃和尚に参ず」。百丈の涅槃和尚という方は、百丈禅師のお弟子さんです。南泉和尚は、百丈と同じように、馬祖道一禅師のお弟子さんです。ですから、「百丈の涅槃和尚に参ず」というのは、どうしても時代的に合わないということで、百丈の惟政和尚のことだろうと言われています。惟政和尚は、南泉、百丈と同じく馬祖の直弟子です。ですから、兄弟弟子同士の問答です。

「丈問う」。百丈の惟政和尚が問うわけです。「従上の諸聖、環《は》た人の為に説かざる底《ところ》の法ありや」。これは難しいですね。「人の為に説かざる」とは、どう訳したらいいでしょうか。これがよく分からないんですね。私自身もよくわからないんです。皆さんなりに意味をとっておいてください。その上で、読み続けてみましょう。

それに対して、「泉云く、『有り』」と。あると答えたんですね。「環《は》た人の為に説かざる底《ところ》の法ありや」。普通に取りますと、「人の為に説かざる底《ところ》の法」は、説いていない法、とも取れますね。自分は承知しているが、人に対しては説いていない法、そういう法があるかな、という質問にも取れますね。

本当にわからないんですが、どう取ったらいいのでしょう。流れを見てみますと、「参ず」という言葉がありますね。同じ兄弟子として登場人物を二人とします。一人は南泉和尚、もう一人は百丈の惟政和尚ですね。二人の師匠は馬祖道一禅師です。ところが、ここでは、「南泉、百丈の涅槃和尚に参ず」。南泉和尚の方が、涅槃和尚、つまり惟政和尚に参じた。すると、惟政和尚の方が兄弟子になる、ということですね。南泉和尚の方が弟弟子だと。参じたのですから、南泉の方が質問するのが普通ですが、南泉が参じますと、待ちかねたかのように、惟政和尚の方が南泉に問うわけです。

「従上の諸聖」です。あなたが、というのではなく、今までの聖者さんたち、いわゆる祖師方が、これまで活躍した祖師方が「環《は》た人の為に説かざる底《ところ》の法ありや」。「諸聖」ですから、人のために法を説くことが大事な仕事ですね。法を説くのが布施であるはずです。六波羅蜜の第一は、布施波羅蜜ですね。祖師方の布施は説法であるはずです。ところが、「環《は》た人の為に説かざる底《ところ》の法ありや」と聞いているんですね。ここがよくわからない。

どういうことなのか。不説底の法ですね。説かないのか、説くことができないのか。

「不是心、不是仏、不是物」

これに対して南泉和尚は「有り」と答える。あります、というわけです。そうすると、当然そこを聞いてきます。「丈云く、『作麼生《そもさん》か是れ人の為に説かざる底の法』」。そうか、ならば、どうなのか、と重ねて問うわけです。中身を言え、ということですね。

これに対して、南泉和尚の言われたことは、「不是心《ふぜしん》、不是仏《ふぜぶつ》、不是物《ふぜもつ》」と。

ここまでで、どういうことになりますか。単純に捉えますと、今までどなたも説かなかった法があるかと問うと、南泉があると答えるんですね。ならばそれは、どんな法か。それに対して南泉が、「不是心《ふぜしん》、不是仏《ふぜぶつ》、不是物《ふぜもつ》」と答えたということになりますね。しかし、それで本当にいいのか。もっと深く読むべきではないのか。この辺はどうでしょうか。

もう少し読んでみますと、それに対して兄弟子の惟政和尚が、「説き了《おわ》れり」、説いてしまったではないか、というんですね。すると、「不是心《ふぜしん》、不是仏《ふぜぶつ》、不是物《ふぜもつ》」が、今までどなたも説かなかった法だということになりますね。

「不是心《ふぜしん》、不是仏《ふぜぶつ》、不是物《ふぜもつ》」とは、心でもない、仏でもない。「物」は衆生でいいと思いますね、――衆生でもない。まず「不是心《ふぜしん》」。仏教徒にとって、心とは非常に大きな存在ですね。例えば山岡鉄舟、一刀流を無刀流に変えたわけですが、その中で、刀なんかない、というんですね。あるのは心だけだ、と。剣道の達人が、刀なんてないんだというんですね。あるのは心だけだ、というのですから、なかなか、これは一大事なことですね。

次に「不是仏《ふぜぶつ》」。これは仏ですから、大事ですね。そして「不是物《ふぜもつ》」。物を衆生と取ったのは、経典にこんな言葉があるからですね。「心《しん》、仏《ぶつ》、及び衆生、この三は、無差別」と。心と仏と衆生、この三つに差別はない、同じことだとあります。衆生とは、生きとし生けるものです。別の訳し方をしますと、迷えるもの、と言えますね。

NHK「心の時代」で静岡の和尚さんが、白隠禅師やご自身の遍歴について語った番組がありました。「迷える人生」という題で語っていました。白隠さんのお寺は静岡の松蔭寺ですね。その宿坊として建てられた寺のご住職でした。迷える人生という題でお話しされました。それが衆生、迷えるもの、生きとし生けるものです。

これが、どうして今まで説かれなかった法なのか、ということです。これも私の解釈は単純ですが、心ということについては、さんざん語られてきました。しかし、心ではないんです。「不是心」、心でないということです。仏教ですから、仏については語り尽くされてきました。しかし、「不是仏」はどうでしょうか。また、「不是物」、これはいろいろ解釈できるところだと思います。物ということについても、迷える衆生のことだというのを始め、いろいろ語られてきましたが、いわゆるの物ではないんです。

大事なのは、心ではない、仏ではない、物ではない。これが、今まで誰も語らなかった法だということなんでしょうか。心を持ち出しても、仏を持ち出しても、物をもっても語り尽くせないということでしょうか。それとも違うのでしょうか。

そうしますと、「丈云く、『説き了《おわ》れり』」。説いてしまったな、というわけです。それに対して、南泉和尚の発した言葉は「某甲《それがし》は只だ恁麽《いんも》」。説いたとか、説かないとも言わず、ただこれこれ、という。そして「和尚は作麽生《そもさん》」、和尚さんはどうですか、と先輩に向かって、先輩の気持ちを引き出そうとするわけです。

すると、問われて百丈は、「我又た是れ大善知識にあらず」。わしはあんたのような大和尚ではない。「争《いか》でか説くと説かざると有るを知らん」。そんな大それた問題は一向わからない。こういう答えですね。そうすると、南泉は「某甲《それがし》会せず」。わかりません、という。これはどういうことでしょう。何を会せずと言っているのでしょうか。難しいですね。

すると先輩は、「我太煞《はなは》だ你が為に説き了《おわ》れり」。大いに、あんたのために説いてしまったわい、という感じですね。さあ、いかがでしょうか。こうなりますと、垂示が欲しいところですね。手がかりになりますから。ここまで、手がかりがないままに、いちおう読んでみました。いろいろみなさんの解釈があっていいところだと思います。それぞれの解釈を念頭において、頌の方を覗いてみたいと思います。

宝鏡三昧の修行

「祖仏は従来、人の為にせず」。祖仏、諸聖と同じでしたから、諸聖を祖仏と直したんですね。祖師たる仏と読むのだそうです。祖師方は、これまで、人のためにしなかった、ということですね。人に聞かせるために仏法を学ばなかった、ということでしょう。自己の問題として学んだ、ということでしょう。それを雪竇さんは言いたかったのでしょうね。

あなたは何のために仏法を学びますか。自分のために。いわゆる己事究明です。己事究明のために仏道を学んだのであって、人に説くために学んだのではないというふうにも取れますね。

そして「衲僧は今も古も、競頭《われがち》に走る」。たしかに己事究明が大事だが、今も昔も修行者は我がちに行脚をして、祖師方に法を訪ねてはしり回っている。こうなりましょうか。そういう生き方、そんなことではだめだと言っているんだと思います。

それでは、どうすればいいのか。「明鏡の台に当って列像殊《こと》なり」。明鏡とは、塵一つついていない磨き抜かれた鏡です。それが鏡台に据えられた、ということです。そうすると、前にあるものを立体的に映すわけですね。そしてそこにやってくる者たちが「列像」ですね。「殊《こと》なり」は一つ一つ違う。磨き抜かれた鏡ですから、一つ一つの違いをはっきりと映し出している、ということですね。ぼやっとした鏡ならば同じように映るかもしれませんが、磨き抜かれているからはっきりと、柳は緑、花は紅に映し出している、ということでしょうか。

そうしますと、己事究明、自己が問題だと。禅は神や仏が問題ではない、自分自身が問題なのだ、迷いの人生、迷っている自分が問題なんだと。それで、どうしたらいいか。己事究明の手段は坐禅だ、というのが禅の行き方です。坐禅して、明鏡のように心の塵を払うんだということです。しかし六祖慧能禅師は、ズバリ塵なんかないと言いますね。「明鏡の台に当って」、坐禅をして、ついている塵を洗い落とす。本来無一物というものになるわけです。迷いすらないんだということです。しかし、それだけではだめだ、というのも禅です。迷いがないのは当然として、お悟りもあってはだめだぞ、と言います。そこで初めて、本来無一物という禅が誕生するわけです。空に開かれるわけです。

まあ、その前に、「明鏡の台に当って列像殊《こと》なる」と。この言葉は坐禅のことと思ってください。「明鏡当台」ですね。そうして、塵一つない自分の心というものを見出すわけですね。自分の心に出合うわけです。そしてそれが仏だ、となりますね。坐禅を通して神や仏に出会うのだ。最初から神や仏を目指すのではないのです。自分の迷った心を坐禅させる。その坐禅を通して、自分が明鏡となる。しかも坐禅しているのですから、明鏡として、すっくとそこに背筋を伸ばして坐っている。その行き着くところが無一物だということ。身体があるがままに、無一物になる、という世界です。いわゆる見性。自性を見る、という世界です。別の言葉で言えば、空に開かれる、という世界。それが「明鏡の台に当る」という世界だと思います。

その次の大事が、「列像殊《こと》なる」ということです。空に開かれる、無一物を自覚するということは、とても大切ですが、それだけでは意味がないというのが禅の教えでもあります。ではどうするか、見性できたら、空に開かれたらどうするか。「宝鏡三昧三年修せよ」という言葉が残されています。空に開かれたら、今度は宝鏡三昧という修行を三年積みなさい、という口伝です。

では、宝鏡三昧とは何か。明鏡です。明鏡三昧。どういうことかと言いますと、明鏡が鏡台にすえられ、前に来るものをピタリと映し出しますね。そこなんですね。前に来るものは一つ一つ違います。それをはっきりと映し出していく、というわけです。一つの言葉で言えば、山にあえば山となり、川にあえば川となる。何にもないのですから、空に開かれて空っぽ、無一物。何もないからこそ、そのお人の前に、山があれば山。ちょっと首を振って川を見れば川。山が自分で、川が自分。その他に何もないのです。それを宝鏡三昧の修行というんですね。それを三年積みなさいというのが、「列像殊《こと》なり」ということになると思います。

そうすると、それだけでいいんですか、ということになりますね。ここまでは確かに己事究明です。己事究明だけならそれでいいんでしょうけれども、やはり、お釈迦様の教えですから。お釈迦様は坐を立とうとしなかったと言われていますね。そこへ梵天が降りてきて、催促されてお神輿を上げるわけです。お神輿を上げたところが、その次の「一一南に面して北斗を看る」というところでしょう。

「異類中行」ということ

南泉和尚が出てきたので、南泉和尚にこんな言葉があります。「異類中行」という言葉があります。これを南泉和尚が強く言います。異類中行。異類ですから、異なった人たち。単なる自己にとどまっていてはいけないのです。己事究明で終わってしまっては、異類中行というのは起こらなくなるわけです。

南泉和尚で有名なのは、猫を斬ったということでしょうが、むしろ異類中行ということを、我々は南泉を通して学ばなくてはいけないでしょう。自分の外へ出るということです。その第一歩です。いわゆるお神輿を上げる、坐から立って説法の旅に出るわけです。異なった人たち、自分以外の人たちの中に入っていく。その時、空に開かれているから、それがひとつの不思議な働きをなすわけです。

お釈迦様の話で言えば、最初に修行した仲間たちは、釈尊は堕落した、苦行を止めて乳粥を飲んだ、あんなのは相手にするな、という気持ちが強かったわけですね。しかし、お釈迦様が近づいてくると、自然に話を聞くようなかたちになってしまう。それが釈尊が長養してきた空の力だと思うんですね。単なる釈尊ではないんです。修行半ばの釈尊とは違う。その違いの最たるものが、空だと思います。

そうしますと、空に開かれているということから、「一一南に面して北斗を看る」という言葉が生まれるんですね。臨済録にある臨済禅師の言葉ですが、法とは何か、という自問自答です。法とは何か。法とは心法だというんですね。法とは心の法だ。そして、次に「心法形なくして十方に通貫す」と言っています。臨済禅師の言葉です。これはぜひ覚えていただきたいですね。「心法無形」。心の法には形がない。形がないからこそ、どういうことを引き起こすかというと、「十方に通貫す」。

同じことをいろんな人が言っています。これは、臨済禅師なりに言い直したわけです。ある意味、これが不説底の法だったかもしれませんね。「心法形なくして十方に通貫す」。空に開かれている。形がないので、十方に通貫している、何もないのではなく、何もない、というものが満ち満ちているわけです。

そうしますと、北や南は関係なくなりますね。十方ですから。そこからこの言葉が生まれてくるんだと思います。「一一南に面して北斗を看る」。南に向かって、北にあるはずの北斗を見ることができる。普通は、北斗は見られませんね。けれど、十方に通貫しているのですから、北にある北斗を南に見ることができる、この無茶苦茶な自由が成り立つのです。こうした無茶苦茶な自由が成り立つ。これが無茶苦茶で終わるか、すーっと無茶苦茶なままで受け止められるようになるか。それが修行の肝心要のところです。

「斗《と》柄《へい》垂《た》る」。斗柄とは、北斗七星の柄のところだそうです。そこに、斗柄が垂れているぞ、と。「斗柄垂るるも、討《たず》ぬるに処《ところ》無し」。しかし、実際に手にとってみようとすると、取れない、ということですね。斗柄は十方に垂れている。北だけではない。けれども、取れない。なぜか？

どこにもあると言えるけれども、どこでも手に入るかといったら、そうはいかないぞ、というふうにも読めますが、取る、取らない、ということが問題にならないということを、この句は言いたいのだと思います。どこにでもあるぞ、と言えるところをわかってほしいわけです。取れはしないが、取る取れないの思いなど吹っ飛んでしまうような、無茶苦茶な自由を認められるかどうか、信じられるかどうか。「宝剣手裡にあり」と言いますね。それを信じてもらえるかどうか。

真空妙有とは

理屈が問題ではなくなるところ。それが三昧ということです。三昧とは理屈が理屈でなくなることでしょう。禅道場で言えば、なりきれ、ということ。なりきれた場合は、そこが三昧です。そこには理屈が入り込む余地があるでしょうか。本来無一物なのですから、本来そうである。そこに気付くかどうか、ということです。

空が大事だということを、声を枯らして言いたいのです。心経でいう「色即是空」ですから。色の上に空と書くのが本当でしょうね、即ですから。色がそのまま空なんだ、というのが、心経が主張するところでしょうね。そうすると、より正しく書くためには、色の上に空と書くのがいいのですが、分かりにくいので離します。しかし、即ですから一番近いのは直線。私たちは坐禅しても——色は私たち自身ですが——真っ直ぐにはいきません。

ぶれながらも、坐禅の力で空に向かっていく、それを、ならしてみると半円になるんだと思います。円の半分ができる。そうして、心経は「色即是空」で終わらない。「空即是色」と言って、色に帰れというわけです。帰ってきた時、これは単なる色ではないというのが仏教の考え方です。違いを何で表すかというと、これは「妙有」というかたちで表しますね。なんとも言えない有である、色であると。

もう一つここに真空を持ってきますと、「真空妙有」という言葉になります。それが、一回りして、空を通って帰ってきた、「有」という自己です。お釈迦様が五人の修行仲間と鹿野苑で出会ったところ、真空妙有がついてきているんですね。しかし、真空ですから目に見えない。だから見た目は変わらない。しかしやはり、修行して苦労に苦労を重ねていた仲間たちには、見えないながらにも何かを察知できたんだと思います。それを真空妙有というんですね。

そうすると真空というのは、空にとどまっていては値打ちがないわけですね。空を離れていくところに本当の値打ちが出てくる。色に帰ってこられるところに値打ちがある。帰ってきてこそ、本当の空だということになりますね。空で終わりなら、悪くはないけれど、それまでです。色に帰ってきてこそ、本当の、妙有というにふさわしい値打ちが出る。そういうのが禅の見方だと思います。

半円のここまでが、自利、自分を利益する世界です。半円のここから、利他の世界に転ずるわけです。他を利する。心経は「色即是空、空即是色」までしか言っていませんが、これが利他に転じていく。自分を超えていくところです。お釈迦様で言えば、坐を立って、説法の旅に出るところですね。それは、どうでしょう。できるできないの問題ではないんですね。

お釈迦様がはじめに動かなかったのは、自信がなかったからでしょう、あえて言えば。自分が今、感じ取っている世界を伝えることができるか、いやできない、ということだったと思います。ある意味、無茶苦茶なことですから、これをいったい誰が信じるだろうか。それが坐を立たなかった大きな理由だと思います。

では、なぜ立ったか。それはできる、ということで立ったのではないでしょう。できるできないが問題ではなくなったのでしょう。それ以上の大事がある。それは現に、この世に苦しんでいる人がいる。自分だってそうだったではないか。そういう人たちに、何かできないか、ということだったと思います。できるかどうかわからないが、わからないなりに、出て行きたかったんですね。それが、できるできないより大事なこと。苦しんでいる人がいたら、放っておけない。自分にできることなら力になりたいという気持ち。これを利他と言います。これを「異類中行」と言います。

それがここで言いますと、「一一南に面して北斗を看る」。これがお釈迦様の悟りの内容です。坐禅しながら、ここをじっくりと見極めようとしていたでしょう。はじめは、早く坐を立って教えてくださいと言われても立てなかった。ところが、時が熟して立った。「斗柄《とへい》垂《た》るも、討《たず》ぬるに処《ところ》無し」。斗柄が垂れている。手に取れる道があれば信じてもらえるでしょうが、そうではない、形のない世界ですから、そこでどうみんなに納得してもらえるか。難しいわけです。

「泉を担うて、月を負うて帰る」

そして最後に、「鼻孔を拈得《とら》えられ口を失却《うしな》う」。鼻を捻られて、口も塞がれる。いわゆる、形あるものが使えない世界。どういうわけか、私たちはこれまで、「鼻孔を拈得《とら》えて口を失却《うしな》う」と読んでいたんですね。

そうすると、一つの事実、白隠さんが正受老人のところに行った時が一つの例ですが、無字を見てもらったんですね。自分ほどしっかりと無字を見たものはいない、という自信満々の白隠さん。その辺の消息を書いたものを、正受老人に渡したところ、受け取った正受老人は「これは学得底だ、もっとしっかりしたものを出せ」、と要求するわけです。すると白隠さんは嘔吐のさまを呈して無字を示すのですが、吐き出すものはないという、その白隠さんの鼻っ面を正受老人がねじ上げるのです。吐き出すものはないというが、これは何なんだと、鼻を捻るんです。痛いですよね。語ろうにも語れなくなります。そういうことをして、いわゆる、もう一つしっかりしたものを要求するわけです。

無字というのは必ずしも何もないというだけのものではない。どうしてわしが、おまえの鼻を捻ることができるのか。わしにねじり上げられた鼻っ柱は無か、無でないのか。空が本当に働き切ったらどうなるか。当然、白隠さんの体は空そのものでなくてはいけませんね。空が白隠さんの身体中に行き渡っていなくてはいけない。そうすると、ねじ上げられた鼻っ柱も空でなくてはいけない。無でなくてはいけない。鼻としてあるけれども、同時に空である。そういう世界へ、白隠さんを引っ張り出そうとしたのだと思います。決して無茶をやっているのではないのです。捻られて痛い。これも無だ。何もかも無なんだぞ、ということ。無という文字面にとらわれていてはいかんぞと。

それが、形なくして十方に通貫している。ですから、盡大地が無と見えなかったらだめだぞと。第五則でやりましたね。盡大地まで空が満ち満ちれば、盡大地も籾穀ひとつのようなもの、粟粒一つのようなものだという、その不思議は、空の働きによるのです。空の働きが我々の全身全霊から盡大地まで届かなくてはいけないんですね。届かなければ、空に開けたとは言わせない。すべてはそこからだ、というのが禅の生き方です。「鼻孔を拈得《とら》えられ口を失却《うしな》う」。鼻っ柱をねじり上げられて、すべてを失うことができるかどうか。鼻っ柱は我々のほんの一部ですが、そこをねじ上げられることによって、全身が無になることができる。この鼻も口も無だ、ありのままが無だったんだと、実感できるかどうか。そこにかかっているんですね。

有るとか無いとかいうことより、大事なことがあるということです。それが、なりきる、という世界であり、三昧の世界です。私たちは三昧になればいいんです。ところが、なかなかなれません。だからこそ、こうやって碧巌録に学んで、なんとかそこへ行こうとしているわけですね。本当の大人物なら、碧巌録を焼いてしまうでしょうね。なりきることだ、三昧になることだ。しかし、変になりきったり、変に三昧になってしまっては困ります。ですから、このように勉強することも大事だと思いますけれど。

結局、この世界は何でもありなのです。あるものをないとも言えるんです。ないものをあるとも言える。しかしそこには空が透徹していないといけない。空が言わせるんですね。私が言うのではありません。自然に、空から出た言葉が現れるわけですね。

私たちの生活の隅々にまで空が透っていることが大事なんですね。じつは透っているんです。圜悟禅師も、盤珪禅師も言っていますね。ただ私たちはそれに気づいていないわけです。何かの縁でそれに気づいた途端、いっぺんに解決してしまう。

ですから、達磨さんの第一則の垂示にありましたね。「煙のあるところに火のあることを知り」、とありましたでしょう。煙が山のあなたに立っている、ああ、あそこに火があるな。火は見えないけれども、煙が立てばわかるわけです。それをはじめとして、例えば昔は、「火を求むるに煙に和して得」という語があります。煙と一緒になって得た、煙を見て火があるとわかったということです。

ところが今日、歳月が経ってどうなったかと言いますと、「泉を担うて」、泉を汲みに行ったんだと思います。桶に汲んだ水を背負う。「月を負うて帰る」。水桶に月を入れて、映った月を負って帰る。無相無相というけれども、無相が本当にありがたいのは、生活の隅々まで行き渡った時だということですね。それが「泉を担うて、月を負うて帰る」ということです。そういうところまでいきたいものですね。ただ無相だというだけではなくて、そういう風流な世界、それは我々の生活だと思います。

日本の禅というのは、そういうところまで目をとどかせているんだと思います。私の目はそこまで及びませんが、空はそこまでいって初めて本当の空だと言えるのだと思います。ですからここは、滅茶苦茶の自由。そのぶん危険でもあります。ひとつ間違えると、禅天魔と言われるゆえんです。

這箇は壊するか壊せざるか──第二九則「大隋劫火洞然」

【垂示】垂示に云く、魚行《およ》げば水濁り、鳥飛べば毛落つ。明らかに主賓を辨じ、洞《あきら》かに緇素を分つ。直に当台の明鏡、掌内の明珠に似たり。漢現《うつ》り胡来たり、声に彰《あらわ》れ色に顕《あらわ》る。且《しばら》く道《い》え、為什麼《なにゆえ》にか此の如くなる。試みに挙し看ん。

【本則】挙《こ》す。僧、大隋に問う、「劫火洞然《ごうかとうねん》として、大千倶に壊《え》す。未審《そも》、這箇《しゃこ》は壊《え》するか壊《え》せざるか」。隋云く、「壊す」。僧云く、「恁麼《いんも》ならば則ち他《それ》に随い去《ゆ》かん」。隋云く、「他《それ》に随い去《ゆ》け」。

【頌】劫火光中に問端を立つ、衲僧猶お両重の関に滞《とどこお》る。憐《め》ずべし一句他に随うの語、万里区区として独り往還す。

断見と常見と正見と

本則をみてください。ある坊さんが、大隋和尚に質問するわけですね。「劫火洞然《ごうかとうねん》」、この世の終わりの時、世界が壊滅する時ですね。「未審《そも》、這箇《しゃこ》は壊《え》するか壊《え》せざるか」。「這箇《しゃこ》」は、――「こいつ」は、一緒に壊れてしまうのか、それとも壊れないのか。こういう問題なんですね。これに対する大隋和尚の答えは「壊す」。壊れる。これを、公案として工夫してみたらどうなるか、ということなんです。もっと端的に言いますと、私たちの肉体がなくなる時、魂も滅んでしまうのか、という問題を提起しています。

ここでは、質問された大隋和尚は「壊す」と答えているんですね。壊れてしまうという考えを断見と言いますね。それに対して、魂は無くならないという考え方を常見と言っています。ここでは、あたかも大隋和尚は断見を説いているように見えますが、仏教は断見でも常見でもないと言われています。では、何見なのでしょうか。仏教というのですから、常見でもない、断見でもない、両方でもない。正見ですね。ですから、中道です。どちらにも偏らない。中道を行くのが仏教だというわけです。

ただ、正見と言ってもわからないですね。どういうものが正見ですか、と言ったら、その正見と言われるのを、もう少し言い直してください、と言われたらどうしますか。皆さんが知っている言葉を使って言い直すと、どうなりますか。般若心経の中にある言葉でいけますね。「色即是空、空即是色」、これが正見です。断見や常見は邪見。そう考えるのが、仏教の教相と言います。

臨済和尚がいう真正の見解というのも、そうなんです。ほぼ大隋和尚と同時代を生きた趙州和尚も言っております。「いまだ世界あらざるに、すでにこの性《しょう》あり」。性とは這箇《しゃこ》ですね。「世界壊するとき、この性壊せず」と言っています。同じテーマですね。自問自答という形ですが、趙州和尚は不壊、壊れない、と答えている。そうすると、まさにこれは常見らしき答えですね。

しかし趙州和尚が常見の答えを出すはずがない。常見に見えて、それが正見。大隋和尚の「壊す」という答えも断見に見えて、よくよく吟味してみると、正見なのだ、というのが、公案の見どころなんですね。

そこで、垂示から見てみます。「垂示に云く、魚行《およ》げば水濁り、鳥飛べば毛落つ」。これはどんなことを言っているんでしょう。これも教相の上での話です。生死ということです。生まれて亡くなる、ということですね。生老病死の最初と最後。教相の上では、迷いの人生という訳を当てています。「魚行《およ》げば水濁り、鳥飛べば毛落つ」というのは、私たちの生死のありさまなんですね。私たちがこの世で生きている現実です。

ところが、質問した修行僧は、それでは修行の値打ちがないですね。ただ生きているだけでは。修行僧たるものは、次のようだというのです。「明らかに主賓を辨じ、洞《あきら》かに緇素を分つ」。これができてこそ修行僧と言えるぞ、というのです。

しかし、この二九則ではそうはいかなかったようです。この垂示は圜悟和尚が大隋和尚に対して語ったんだと思いますね。大隋和尚は単に「魚行《およ》げば水濁り、鳥飛べば毛落つ」というだけではないお方だ。そこに、はっきりとどちらが主人で客か、ということをしっかりと捉えることができる、そして明らかに「緇素を分つ」、白黒をはっきりさせることができるお方だ、と本則を読んで大隋和尚を持ち上げているわけです。

「直に当台の明鏡、掌内の明珠に似たり」。正見、見るということにかけて、直に鏡台に据えられた塵一つなく磨かれた鏡だ。

「漢現《うつ》り胡来たり」。漢人がやってくると、そのまま漢人を映し出す、異国の胡人がやってくると、胡人を映し出す。はっきりしている。「掌内の明珠に似たり」。手のひらの中に玉を入れたようなものだ。

「声に彰《あらわ》れ色に顕《あらわ》る」。玉を揺すると、音がしますね。その音ではっきりと本物かガラス玉かわかるそうですね。そういうことでしょう。本物であるかどうかが色に現れる、と。間近に見て取れるのでしょう。

「且《しばら》く道《い》え、為什麽《なにゆえ》にか此の如くなる」。言ってごらん、どうしてこういうことになるのか。

「試みに挙し看ん」。例をあげるから、しっかりと見て取りなさいよ。こうして二九則に入っていくわけです。

「壊するか、壊せざるか」

大隋和尚の師匠の師匠は百丈懐海禅師です。つまり百丈禅師の孫にあたるので、臨済禅師の系統でいうと、百丈禅師の跡を継いだのが黄檗禅師、そして臨済禅師。そうすると、臨済禅師とほぼ同時代を生きたことになりますね。唐の時代です。そして大隋和尚の師匠は潙山禅師ということになっていますが、有名な潙山霊祐禅師とは別人です。潙山霊祐禅師も百丈禅師の弟子ですが、ここでは、潙山霊祐禅師の弟弟子で、またの名を長慶大安禅師という方で、公案に残された言葉で有名なのは、「有句無句は蔦の木によるが如し」。言葉があるとかないとかいうのは、蔦が木にまとわりついているようなものだ。ならば、木が倒れた時にどうなるか、というものです。

こういう方を大隋和尚は師匠に持ったので、こういうことを日々聞かされていたと思います。そこで本則をみてください。

「挙《こ》す。僧、大隋に問う」。大隋和尚に、ある坊さんが問います。「劫火洞然《ごうかとうねん》として、大千倶に壊《え》す」。いよいよ、この世も最後の時が来て、「成住壊空」、——出来上がり、しばらくとどまる、そしてだんだんほころびが目立ってきて、最後は空に帰す。すべてのものが、私たち人間も宇宙も、この世のすべてのものが、成住壊空しながら巡っている。空になったところから、また成住壊空してくるわけですね。その繰り返しだ、というのが教相の捉え方です。

「劫火洞然《ごうかとうねん》として」、長い間、火が燃えさかり、というんですね。はじめに火があり、おさまりかけると水が攻めてくるそうです。最後に風が吹いてくる。そして空にチェンジしていく、というのが昔の方の見方です。そのはじめ、「劫火洞然《ごうかとうねん》として」、然は燃えると読みます。長い間さかんに燃えて、「大千倶に壊《え》す」。大千世界が一時に壊れていく。

その時「未審《そも》」、次のことはどうなるのか、というんですね。「這箇《しゃこ》」は、何といったらいいでしょうか。なんとも表現できないものなんです。私といっても違う。趙州和尚は、「この性」と言いました。だから、仏性といったらどうか。しかし、仏性といっても届かない。全体を尽くさない。それを「這箇《しゃこ》」といいます。這箇《しゃこ》としか言いようがないものです。ここでは「こいつ」と訳します。

「這箇《しゃこ》は壊《え》するか壊《え》せざるか」。こいつは大千世界と共に壊れてしまうのか、壊れてしまわないのか。ですから、同じような問いですね。これに対して趙州和尚は「不壊」といい、大隋和尚は「壊」と言う。その違いはどこにあるんでしょうか。

圜悟禅師が著語で明らかにしてくれていますね。「這箇《しゃこ》とは是れ為什物《なにもの》ぞ」。這箇《しゃこ》とはなんなのか。「這《こ》の一句、天下の衲僧摸索不著」。天下の修行僧、誰もが模索して解決できないものだ。這箇《しゃこ》とは何か、未だに解決できずにいると。這箇《しゃこ》としか言いようがないから這《しゃ》箇《こ》なのだ、ということでしょう。

「預《あらかじ》め掻《か》いて痒《かゆき》を待つ」。まだかゆくもないのに、かいている。いつかかゆくなるときのために。こんなことは、私たちはしませんね。「劫火《ごうか》洞然《とうねん》として、大千倶に壊《え》す」、そういう事態がまだ起きていないのに、そのための準備をするつもりか、という野次をとばしています。

本則に戻って、「隋云く、『壊す』」。早すぎる質問に対して、大隋和尚は「壊れる」と答えました。これに対して、どんな応答をしたか。

圜悟禅師の著語を見てみますと、「無孔の鉄槌当面に擲《なげう》ち、鼻孔を没却《なく》す」。持つところのない金槌、鉄の塊が相手の顔に投げつけられた。顔の真ん中には鼻がありますね。取手があれば掴んで避けられますが、顔にぶつかるのを避けようがない、ということです。「壊す」という「無孔の鉄槌」を真っ向から投げつけられて、身動きもできない。

次の著語です。「未だ口を開かざる已前に勘破《みぬ》き了《おお》せり」。大隋和尚はその僧が「壊するか壊せざるか」と問う前に、その修行僧がどのような人物かもう見抜いているんだ、というんですね。それがこの垂示の「魚行《およ》げば水濁り、鳥飛べば毛落つ」というところです。大隋和尚を訪ねてはるばるやってきた僧の姿を見て、どのくらいのものかを見抜いているというんですね。見抜いているからこそ、「明らかに主賓を辨じ、洞《あきら》かに緇素を分つ」。修行僧を手の内に握って、しっかりと見取っている。そこで「壊す」と答えたのだ、ということです。

ということは、大隋和尚は、この修行僧は這箇《しゃこ》は壊れない、永遠不滅だと思っている男だと見たんでしょうね。修行僧の期待に沿う答えは「不壊」ですが、それとは逆の答えを出したわけです。

心のどこかに「不壊」という答えを抱いていた僧は、「恁麼《いんも》ならば則ち他《それ》に随い去《ゆ》かん」。

それならば、大千世界と共になくなってしまうのですか、という。

そうすると、「隋云く、『他《それ》に随い去け《ゆ》』」。大隋和尚は「そうだ」というんですね。

僧の言葉、「恁麽《いんも》ならば則ち他《それ》に随い去《ゆ》かん」というところに、圜悟禅師は著語して「没量《もつりょう》の大人、語脈裏に転却せらる」とあります。「没量《もつりょう》の大人」とは、私たちの今際《いまわ》の際《きわ》の問題ですから、こういう問題を持ってくる修行者は並の修行者ではないと褒めています。しかし悲しいかな、「語脈裏に転却せらる」。壊不壊にひっかかって、肝心なところに目が届いていない、というのです。「果然《はた》して錯って認む」と。

著語が続きます。「前箭は猶お軽きも後箭は深し」。最初は「壊す」とありました。聞き違いも考えられますね。ところが念を押したら、そうだという。「随い去け」と言われる。二度も言われたら、間違いない、言い間違いではないということでしょう。

「只だ這箇《しゃこ》こそは多少《おおく》の人摸索不著」。這箇という言葉、多くの人が、どんなに求めても納得のいく答えが出ない。この修行僧も這箇を掴み損なっている。間違って掴んでいるのではないか、と圜悟禅師は言っています。

「水長《ま》せば船高く、泥多ければ仏大なり」。水が増えれば船は高いところにのぼり、泥が多ければ大きな仏ができる。「若《も》し『他に随い去け』と道《い》わば、什麽処《いずこ》にか在る」。もし、それに従っていけ、というのならば、どこへ行くというのか。「若《も》し『他に随い去かざれ』

と道《い》わば、又た作麼生《そもさん》」。逆だったらどうなのか。「便ち打つ」。わしだったら、そんな答えをせずに、ただ打つだけだ、という言い方です。圜悟禅師はそう著語しています。

「われ、いま、ここ」

ちょっと違う話で、同じことを言ってみたいと思います。

お釈迦様がお隠れになった。お釈迦様は生前、非常にわかりやすく説いてくださっていて、この大隋和尚とは雲泥の差です。そういうお釈迦様の説法が聞けなくなり、弟子たちは悲しむわけです。その挙句、法身仏を考え出した。いわゆる、八十年の生涯を閉じたお釈迦様、肉身の釈迦牟尼仏に対して、法の身の仏様を考えた。

それが、法華経の言葉でいうと、久遠実成仏。永遠の実成の仏というカテゴリーをつくった。これを法身仏といいます。肉身のお釈迦様はなくなったけれど、法の身のお釈迦様は現存しているということです。

法身仏に対して、肉身のお釈迦様は化身仏。お釈迦様が生まれ、苦行を始め、インド中のありとあらゆる形態の修行をやってみたけれども埒があかなかった。そこで苦行を捨てて、中道をとるんですね。菩提樹の下での坐禅でした。坐禅を通じて悟りを開かれた。それを報身仏というんですね。ありとあらゆる苦行をされた、修行が報われた仏だ、という意味です。

そして、梵天に勧められて坐から立ち、人々にわかりやすく説いたわけです。それを化身仏といいます。衆生教化をされるわけです。ですから、お釈迦様の生前から、報身仏、化身仏という言い方はあったかもしれませんし、なかったかもわかりません。けれど、亡くなってから寂しさを埋めるために法身仏という言い方を始めたわけです。これを仏の三身といいます。仏様は一つですけれども、三方面からスポットライトを当てたわけですね。

時代は下って、中国の唐末期、洞山和尚という方が出られました。洞山和尚に、ある修行僧が問います。「三身のうち、どの身が説法をするのですか」。お釈迦様の説法は聞けないという寂しさから生まれた掴み方です。お釈迦様の説法をするのは、この三つのうちのどの身ですか、という問いです。

洞山さんは、この問いに対して全然違う答えをするんです。まず「我常にここに於いて切なり」という答えをしているんです。質問に対して、全然答えていないように見えますね。どうでしょうか。

「常に」ですから、今もそうだということになりますね。「我、今ここ」です。洞山和尚はそれが大事だ、というんですね。切は大事という意味です。「三つのうちの、どの仏が説法するのか」、という質問を否定し尽くしているんです。大事なのは、あんたが質問しているようなことではないぞ、と言っている。大事なのは「我、今ここ」。今ここを、自分はどう生きているか。それが大切なんだというわけです。「今まで」、「これから」にも意味はありますが、大事なのは今だ、ということですね。

今を充実して生きるということが大事なのだ。どうして今に目をつけないのか。今をどうしたら充実して生きられるか。今を充実して生きていれば、そのような質問は出てこないはずだ、というんです。

ところが、その僧はその場で気付かなかった。そこで、洞山和尚の弟子、曹山さんのところに行きます。そして、「こんな答えをいただきましたが、どういうことでしょうか」と尋ねると、曹山和尚は「わしの首が欲しければ、切って持って行くがよい」というんですね。「切」です。洞山和尚の言葉に入っている「切」です。洞山和尚の「切」の言葉には、これくらいの重みがあるんだぞ、というのです。答えをはぐらかしたのではない。なんとかおまえさんを悟らせようとして、渾身の力を振り絞った答えなんだ、と。

それでも、その修行僧はわからなかったので、今度は雪峰のところへ行くんですね。雪峰ですから、大隋和尚とはそんなに時代が離れていませんね。雪峰和尚にも同じ質問をぶつけます。そうすると、雪峰和尚は持っていた杖で、僧の口が裂けるほどに打ったそうです。わしも、洞山和尚のところで修行した男だぞ、ということ。洞山の気持ちが分かるということです。口が裂けるくらい切れるくらいの棒が飛んでくる、それくらいの「切」なんだ、この痛さで知れ、と。

ですから、本当に今が充実すれば、生き方のすべてがそれで解決するんだ、というのが禅の生き方です。今が充実していれば、死ぬ時は死んでいくだけだ。今の充実ですから、おそらく、死んでいくときにも充実して死んでいける。

鈴木正三和尚は、徳川の初め激動の時代を駆け回った曹洞宗の方ですが、亡くなるときに、お弟子さんたちが「最後に何か一つ」とお願いしたら、「正三は死ぬとなり！」。そう言ったそうです。ただそれだけです。死ぬという生き方に変わるわけです。死ぬということを、生死一如、全身全力でやっていくということではないでしょうか。

ですからここで、僧が思っていることと反対の答えをされたときに、僧が「壊す」という答えに驚いて、本当に今まで頭にこびりついていた答えが吹っ飛ばされればよかったんですね。しかしそうならなかった。「不壊」にこだわる気持ちが飛ばされなかった。それでなお、みんな一緒になくなるのですか、というんですね。聞いてもなお吹っ切れないで、よそを訪ねていくわけです。

もし、はじめに吹っ切れれば、そこを空開といいます。不壊へのこだわりによって、空開、空に開かれることがなかった。不壊と思っている人に不壊と言ったら、空開にはなりませんね。ああ、私の考えでいいんだな、という満足で終わってしまうでしょう。ある意味、ショック療法が必要なんですね。それで、正反対の方でぶつけたけれども、うまくいかなかった、そういう例だと思います。

「切」ということ

最後に頌の方へ行ってみます。「劫火光中に問端を立つ」。この世の最後を捉えて、問いを立てた、というわけです。「衲僧猶お両重の関に滞《とどこお》る」。目をつけたところは悪くないけれど、あえて言えばそれは先のこと。大事なのは今だが、いいところは捉えている。だが、悲しきかな、「衲僧猶お両重の関に滞《とどこお》る」。壊不壊にこだわっていた。これは修行僧だけではないですね。我々は普段からそうですね。分別と言って、二つに分けて検討する。これか、あれか、と検討するのは私たちの習性ですが、両重の関に足を止めていた。関所を抜け出ていなかった。

「憐《あわれ》ずべし一句他に随うの語」。無文老大師は「一句他に随うの語」を、本当に素晴らしい言葉だと言っておりますね。しかしその素晴らしい言葉、質問によって飛び出した素晴らしい言葉も、「憐《めん》ずべし」、哀れむべし、伝わらなかった。まことに悲しいことだ、という感じですね。せっかく他に従うと素晴らしい答えを出してもらったけれども、それが僧には伝わらなかった。

そして、「万里区区として独り往還す」。あっちへ行ったりこっちへ行ったり。誰のところへ行ったんでしたか。投子和尚という素晴らしいお坊さんのところへ訪ねていくわけですね。投子和尚は、趙州和尚との問答も残っています。投子和尚は、「他に随い去け」の答えを僧から聞くと、香を焚いて礼拝して言われました。「西蜀に古仏の出世する有り、汝且《しばら》く速かに回《かえ》れ」。そう聞いて、言われた通りにすぐに大隋和尚のところに帰ったが、その時には、大隋和尚は遷化されていた。そこで「万里区区として独り往還す」。悲しや、悲しや、というわけですね。そこで再び投子和尚を尋ねるのですが、訪ねてみると投子和尚も遷化されていたということです。

第五五則に生か死か、という問いが出てきます。道吾禅師の弟子が、ある葬式の場に行きます。お棺を前にして、生か死か、と師匠に尋ねるんですね。亡くなった当座は、その人は死んでいるようには見えませんよね。今、この方は生きていらっしゃるんですか、それとも死んでいるんですか、と尋ねると、「生とも道《い》わじ、死とも道わじ」と答えるんです。道吾禅師がどうしてそう答えたかが大事なんですね。質問を受けないんです。師匠の立場から、「まだそんなこと言っているのか、お前の修行はそんなものか、そんなことに、わしは答えんぞ」と言っているのではないでしょうか。

ところが質問した修行僧も、切なんですね。切羽詰まっている。帰り道で、答えてくれなければ、和尚さん、あなたを殴りつけますよ、というんですね。切ですから。でも殴られても、殴るにまかせて、言わなかった。そういう話ですね。切が違うんですよね。これは雲水がだめなんですよね。

今、本当に充実していること。これが切です。これしかないと思います。今を本当に充実することによって、とらわれなくなっていく。どうでもいいということがわかってくる。本当に大事な方向に向かって進んでいける。気持ちを一つにして、なすべきことに向かって進んでいける、ということですよね。

生か死か、ということも、盤珪禅師流に言えば、脇稼ぎだ、となるんですね。本当に人間として、今やらなくてはならないことは何か。それがはっきりする。それにはどうしても、空に開けなくてはならないと、私は思っています。空に開けることによって、そういう転換ができるわけですね。今までと違った見方がすっと入ってくる。それが空の力でしょう。空に開かれた力が、その人の生き方をチェンジさせる、ということだと思います。

だから本当に、いつも問題意識を持っていると、なんでもないことで、空の状態になれるんですよね。周りの人から見たら、なんでもないことが、当人にとってはそうではないんですね。きっかけになるのです。それが「大疑のもとに大悟あり」ということだと思います。疑いに疑い抜いていると、なんでもない出来事がその人を開いてくれる、ということだと思います。

むだなことをたくさんやっていかなくてはならないのですね。むだなことを通して、ある時ハッと気づく、というのが実際ではないでしょうか。

「化け物だわい」――第三〇則「趙州大蘿蔔」

【本則】挙《こ》す。僧、趙州に問う、「承り聞く、和尚親しく南泉に見《まみ》ゆと、是なりや」。州云く、「鎮州《ちんしゅう》に大蘿蔔頭《だいらふとう》を出だす」。

【頌】鎮州に大蘿蔔頭を出だし、天下の衲僧則《のり》を取る。只だ自古自今を知るのみならば、争《いか》でか辨ぜん鵠《くぐい》は白く烏《からす》は黒きことを。賊、賊、衲僧の鼻孔曾て拈得す。

「親」の一語

趙州和尚と南泉和尚が主人公です。いろんな読み方がありますが、ここでは、その中の一つの読み方をしてみましょう。

普通、碧巌録には垂示というイントロダクションがあります。こういうふうにこの則は読んだらいいのだという、圜悟禅師の垂示が付いているんですが、この則は垂示が欠けているんです。焼かれているので、欠けてしまったのでしょう。

碧巌録はあまりにも有名になり、また文章がいいんですよね。ここにも「則《のり》を取る」というのが出てきます。「天下の衲僧則《のり》を取る」。これそっくりになってしまって、碧巌だけ勉強すればいいのだということになりかねないような状態になったので、圜悟禅師の弟子・大慧禅師という人が、碧巌録を焼いてしまったんですね。そこで、後でまた編集し直したので、三〇則には垂示が見つからなかったということでしょう。

「挙《こ》す。僧、趙州に問う」。あるお坊さんが、あの有名な趙州和尚に問いました。「承り聞く、和尚親しく南泉に見《まみ》ゆと、是なりや」と聞いたんですね。「承り聞く」ですから、伝聞です。お聞きするところによると、趙州和尚様は親しく南泉様にお会いになったということですが、本当でしょうか。一応、意味を辿ればそういうことになります。

いま読んだところで、肝心な語というのは何でしょう。この中にある一語を取ろうとしたら、どれでしょう。「親」という語ではないでしょうか。私と同じ、戦後世代の方であれば、ラジオから「見たり聞いたり験《ため》したり」ということばを聞きましたよね。あのことばに「親しい」をつけるんですね。親しく見る、親しく聞く、親しく験《ため》す。この「親しい」という語が大事だと思います。ここでは、「親しい」という語がどんな意味になっていくか。それを勘案していきましょう。

昔は得度しても二〇歳になるまでは、一人前の坊さんとはみなされずに、沙弥《しゃみ》と言われたんですね。趙州和尚は、沙弥ですから一五歳くらいの時に、南泉にお会いしているんです。そして一七か一八歳の時に、悟りを開いたと言われているんです。すごいことですね。群を抜いた名僧です。なにしろ、一二〇歳まで生きた方です。南泉和尚と死別した後二〇年間、広い中国を全国を行脚しているんです。

そして八〇歳になって初めて住職になるんです。それからさらに四〇年生きている。五七歳の時に南泉和尚が亡くなっているので、四〇年間、南泉和尚のそばにいて、修行をした方です。三年間は喪に服して、六〇歳になった時に師匠のもとを離れて、中国を旅して、その後に河北の観音院という寺の住職になった。そういう稀有なお方です。

この趙州和尚に向かって、ある意味、失礼な言い方ですね。四十年も仕えた方に対して、「和尚は、南泉和尚に親しくお会いになったと聞いていますが、事実でしょうか」と聞いている。

この本則を選んだのは雪竇禅師です。碧巌録は一〇〇則まであります。一七〇一あったものの中から一〇〇話を引き抜いて作ったのが碧巌録。雪竇さんは非常に文学的才能のあった方でした。雪竇さんが本則を選んだわけなので、「親しく」というのは雪竇さんが入れたのかもしれません。元の方に、この字が入っていたのかどうかは分かりませんが、まさしく「親」の一語が効いていますね。

そうすると、これはどういう意味に取ったらいいのか。四〇年も側にいた方に対する質問ですから、普通の人に対する質問ではないと見たらいいと思います。何か意図がある。この質問した僧も只者ではなく、何か意図を持って趙州和尚に尋ねているんだ、と見るとしましょう。

南泉と趙州

まず、南泉和尚で有名なのは、猫を斬ったということです。斬らなくてもいいのに斬ったことで有名です。いま外国の人が本当に熱心に禅を求めて来ているのですが、外国の人には評判が悪いそうですね。動物愛護が盛んな国の人にとっては、猫を斬ったというので評判がよくない和尚だそうです。

ただ一方で、南泉和尚はこんなことも言っていますね。自分は檀家からお世話になったから、亡くなったら、逆に自分が牛になって、檀家さんにこの世で受けたご恩のお返しをする、と。牛に生まれ変わって、檀家のために働くというんです。

ここには大事な思想があらわれていますね。それを、こんなふうに昔の人は表現してくれています。「異類中行」と。「行」とは修行です。我々は次の世も何とかして人間として生まれ変わりたいと考えますが、南泉和尚は違います。次は牛で結構、牛となって恩返しをするのだという。「異」は差別の世界。人間と牛と分かれています。「類」は平等の世界。生きとし生けるもの、と考えれば、人間も牛も同じです。

仏教がいうのは、単なる差別を主張するのでも、平等の世界を主張するのでもない。何を主張するかといったら、「中道」です。仏教は中道だと言いますね。極端に走らないんです。単なる差別でも平等でもない。中道の教えとは何でしょうか。その時に思っていただきたいのは、般若心経の中にある「色即是空、空即是色」です。これが中道だと思っていただけたらいいと思います。色と空が分かれていない。それが中道だというのですが、

「異類中行」というところにポイントを絞って生きられた方が、南泉和尚であり、趙州和尚なのです。

古来、南泉和尚と趙州和尚の宗風を、「南趙宗」という呼び方で伝えてきています。

「承り聞く、和尚親しく南泉に見《まみ》ゆと、是なりや」。片方では猫を叩き斬った、片方では牛となって生まれて恩返しをするのだと言っている南泉和尚ですから、ここで「親しく」というのが生きてきますね。世間の噂では南泉和尚はいろいろ言われておりますが、和尚さんは、南泉和尚に親しくお目にかかってこられた方と聞いています。ならばお尋ねします。南泉和尚の真の姿は、いったいどこにあるのでしょうか。それが「親しく見《まみ》ゆ」だと思うんです。評判はいろいろですが、和尚さんは、その南泉和尚の真の姿を、どこにご覧になりますか、という質問だと思います。

それに対する趙州和尚の答えは「州云く、『鎮州《ちんしゅう》に大蘿蔔頭《だいらふとう》を出だす』」。鎮州は臨済禅師がおられたところですが、趙州和尚も同じ河北の地にいました。ここでは、大きな大根が取れるぞ、という答えなんです。これはいったいどのように解釈したら面白いでしょう。面白くなくちゃいけないと思うんですよ。我々の興味を引き起こすような解釈でないと、乗っていけませんよね。

この答えは、「化け物だわい」と言っているんですね。「南泉和尚は化け物だ」と言っていると思うのですが、いかがでしょうか。意外も意外です。南泉和尚の真の姿はどこにあるのでしょうか、という問いに対して、師匠は化け物だ、と言っているわけです。すごいですね。決められない、真の姿はここと言えるようなお人ではない。化け物のようなお人だ。こういうほうが面白いのではないでしょうか。

そういうふうに思ってみると、つじつまが合うんですね。例えば三人の弟子たちが、師匠の馬祖道一とともに月見をする。気分が良くなったところで、馬祖が一句言え、と三人に命令する。

すると最古参の西堂だったでしょうか、その和尚さんは供養するに絶好の時です、と言った。亡き人を弔う、あるいは、いま一生懸命働いている人たちを供養するというのでしょうか、「供養するに好時節だ」というわけです。

それに対して、百丈和尚は「修行するに絶好の時だ」というのです。すると、馬祖道一禅師は「お経は西堂に任せよう、禅は百丈に委ねよう」という言い方をするんですね。お経を読むなら西堂、修行は百丈にふさわしいと。

もう一人いたのが南泉。南泉は何も言わないで、袖を振り払ってその場を出て行ってしまったと。そういう南泉について、馬祖は「独り南泉のみあって、物外に超ゆ」。一人だけ衆生の世界を超えて行ってしまっている、ということです。つまり、お師匠さんの馬祖道一をもってしても、なかなか掴めない男だったわけです。まさに化け物なんです。だから期せずして、師匠の馬祖道一がいうことと、弟子の趙州和尚がいうことと、表現は違っても同じことを言っているわけです。

差別と平等をこえて

そこで、頌の方を見てみます。「鎮州に大蘿蔔頭を出だし、天下の衲僧則《のり》を取る」。化け物と言いました。それをそのまま使うと、鎮州には化け物ができる、常識では測りきれない大きな人物ができる、ということが伝わりますと、「天下の衲僧則《のり》を取る」となってしまう。これを一つの決め事として、――則ですから法則です、それについて回るようになる。取り込まれてしまうわけですね。

「只だ自古自今を知るのみならば」、「自」は「～より」と読めますね。ですから、古より今に至るまで、昔からいろんな出来事が起き、今から未来へ向けてもいろんな出来事が起きていくでしょう。それを知るのみだったら、例えば、昔から今へかけていろんなことが起きた、それを知って、それを則として生きる。そういう生き方をしてしまうと、という意味でしょう。

「争か辨《いかで》ぜん鵠《くぐい》は白く烏《からす》は黒きことを」。どうして知ることができようか、クグイやサギは白く、カラスは黒いということを。これはおかしくありませんか。これは常識ですから分かりますよね。

しかし、雪竇さんは六翰林の才というならば普通なんでしょうけれども、十翰林の才と言われた人なんですね。それくらいの才能ある人が「争か辨《いかで》ぜん鵠《くぐい》は白く烏《からす》は黒き」という。どんなつもりでおっしゃっているのでしょう。

それが、この差別と平等、異と類にも関係してくるんです。この前の言葉、「只だ自古自今を知るのみならば」というのはどうでしょう。異の世界、類の世界、どちらでしょうか。異の世界ですね。趙州和尚が鎮州に大蘿蔔頭を出だす。この辺りでは大きな大根が取れる。差別の世界ですね。河南で取れないような大根が、ここでは取れる、というのですから。歴史上の出来事は、差別の出来事ですね。差別の出来事を知るだけだったら、と言っているんだと思います。

つまり、類、平等の世界の大事さを言っているんですね。単に差別の世界だけを知って済ませてしまうと、本当に、クグイは白く、カラスは黒いことがわからないぞ。じゃあどうしたらいいか。異は異で大事ですが、同時に類の世界をしっかりと見なくてはだめだぞ、と言っています。これこそが、仏教のいのちなんですよね。

たとえば私は歴史上の出来事と言いました。お釈迦様がなくなると、お釈迦様の話が聞けなくなります。みんな本当に寂しがる。そしてすごい知恵をつくりだすんですね。それは、お釈迦様は永遠におられる、という教えをつくり上げるんです。それを法華経では、久遠実成の釈迦牟尼仏というんです。それに対して八〇歳で亡くなったお釈迦様のことを、歴史上の釈迦牟尼仏といいます。

久遠は、いつでもどこでも、真実現成している。そういうお釈迦様というのをつくりだしたんです。これはまさに類のほうです。歴史上の釈迦牟尼仏は異のほうのお釈迦様です。このお二人のお釈迦様が一つになったところに、本当のお釈迦様を親しく見るというのが中道です。「色即是空、空即是色」と、そう思っていただきたいと思います。

そう思って初めて、クグイは白く、カラスは黒いということがわかるのだ、と仏教は主張します。差別の世界だけ見ていたら、言葉としては同じですが、中身は違う。禅は不立文字ですから、文字では表せない何かを感じ取っていかなければ、禅になりません。言葉で言い切れるものだけだったら、禅とは言えません。禅も、クグイは白く、カラスは黒いと言いますが、言うことに尽きない何かを感じながら、それを言葉にします。そして、言葉に表せないところのものが大事だというのです。

そこで、「賊、賊」と言っていますね。賊とは盗人ですね。しかしそれを、禅では賊の一語を大切にします。賊ですから、私たちが持っているものを奪っていくわけです。窃盗なら、私たちが知らないうちにかっぱらっていく。強盗なら、私たちを脅迫してかっぱらっていく。しかし、物を持っていくという点は同じですね。我々が持っている煩悩、妄想を持って行ってくれる。それを賊だとするのが禅です。ありがたい賊なんです。私たちがなんとか放り出したいと思いながら放り出せないでいる煩悩、妄想の類を奪ってくれる。

たとえば、感動するような歌に出会った時、煩悩や妄想は出てきませんね。そういうのを賊というんだと思います。自分を空っぽにしてくれる、言ってみれば、自分を空にしてくれる、無一物にしてくれる、そいつを賊というんです。ですから、なんでもいいんです。

サギは白い、カラスは黒い、そういう判断ができることも大事ですが、それだけではだめだ、と禅は主張します。そういう常識を一度取っ払ってほしいと主張します。取っ払うと、差別が取れるので、平等の世界へ出るんですね。何にもない、というところで私たちは一つになれるんだと思います。差別の世界も大事ですが、一度それを捨ててみないか、放り出して、無一物になってみないか。それは差別の世界よりも、もっと大きな世界だぞ、ということです。

十牛図の第八図をよくお話しますが、円相だけがある、無一物の世界です。しかし、何もないわけではないんですね。途方もなく大きな世界に生きているということに、気づかせてくれる世界なんです。そうすると、小さい差別が問題ではなくなってしまうんですね。私よりあの人の方が頭がいい、なんていうことはどうでもよくなってしまう。大きな大きな世界に気づかせ、自覚させてもらえること、こんなに幸せなことはない。これが、禅が主張することです。そうして、あらためて差別の世界へ帰っていく。それが十牛図で言えば第九図、第十図となっていくわけです。

こういう世界に触れますと、ここに掛け軸がありますが、この軸に書いてあること、「白兎毫《ごう》光を放つ」と。秋になりますと、ウサギは毛が生え変わるそうですね。細い細い毛だそうです。一本一本の毛から光を放っているぞ、という意味です。差別がなくなっているんですね。クグイは白いまま、カラスは黒いまま、光を放っている。こういう世界が展開してくるわけですね。おれだけがえらい、という世界ではなく、みんなが光を放っている世界が見えてくる。こんなに楽しく、安楽な世界はありませんね。

「賊、賊」。これは、こういう答えを出された趙州和尚を言っているんでしょうね。趙州のみならず、南泉和尚も賊なんでしょう。兄弟弟子の百丈も、師匠の馬祖も、みんな賊でしょう。なんとかして差別の世界をぶち破って、平等の第八図に送り出したい、という存在です。

「超個の個」とは

「衲僧の鼻孔曾て拈得す」。馬祖と百丈の因縁ですね。夕方でしょうか、湖のほとりを歩いていると鴨が鳴いている。馬祖は百丈に問うんですね。「あれはなんだ」。「鴨です」。「どこへ行った」。これに対して百丈は答えられなかったんですね。「どこかへ飛んで行ってしまいました」。そうすると、一緒に歩いていた馬祖は、ぎゅっと百丈の鼻を捻じ上げた。これは痛いですね。特に馬祖というのは化け物のような人ですから、鼻をねじられたらたまらないと思うのですが、それが賊です。百丈は思わず「痛い！」となる。こうなると、鴨がどこへ行ったかなどは問題ではなくなる。痛い三昧ですね。みんな禅宗坊主は賊です。賊となって恩返しするんです。

いわゆる無一物の世界、無一物こそ無尽蔵だという世界。何もないからこそ、何にでもなれる。何もかも出てくる、その大本の世界が第八図の一円相なんですね。

ですから、大事なことは、私は常々、第八図の一円相だと話していますが、第九、第十があります。これは第八の先にあるのではなく、同時にあるとみていいでしょう。八、九、十は同じ世界を三方向から見ているということだと思います。が、本当に大事なのはもう一つ出たところ、八、九、十が重なった世界、それが大事なんでしょう。どういう世界かというと、差別も平等もある世界です。

こういう言葉があります。「超個の個」。私たち一人一人を超えた世界。ですから、類の世界です。私たち一人一人は異。心経で言えば、色の世界です。色即是空と、空に出会うところが、類の世界。ここへ来て初めて類になる。超個は類の世界。類はとても大切ですが、それだけでは本当ではないんですね。もう一度、個に戻ってこなくてはならないんです。中道ですから、平等あり、差別ありの世界が大事になります。そうすると、大事なのは一息に「超個の個」、超個だけでもだめ、個だけでもだめ。ですから私たちの最後の尊厳は、この「超個の個」にある。「超個の個」が、最終的な権威者なんです。

「釈迦・弥勒も他の奴《やっこ》」と言いますね。お釈迦様や弥勒様、――五六億七千万年後に弥勒様がお釈迦様と代わるそうです。それまではお釈迦様が我々を見守ってくれているわけですね。お釈迦様や弥勒様をも奴《やっこ》とするものは誰か、顎で使うものは誰か、という公案があるんですね。それはまさに超個の個です。こいつがお釈迦様をも弥勒様をも顎で使う。ですから、使う奴は単なる個ではなく、超個の個なんです。

大事なのは平等に開かれるだけでなく、そこからまた、わたしたち一人一人が現実に帰ってくる、その現実が大事だということになりますね。わたしたちが生きている現実が大事だ。その現実を、超個というセンスを持って生きられるかどうかです。超個という一つの感覚を持って、現実を生きられたら、現実は素晴らしいものになるでしょうね。面白くなるのではないでしょうか。

我々は差別に囚われて生きています。差別の中にある限り、小さなものは大きなものにかないません。長いものには巻かれろ、となります。しかしそうではない。平等の世界が大事なんだ、そういう世界があるんだ、そのうえで超個の個として現実を生きることができる。それを仏教では中道というんですね。

よく、中道といっても何のことかわからないと言われますので、それならば「色即是空、空即是色」と覚えてくださいと言っています。超個の個として現実を生きるということが、お釈迦様のいう中道ということだと思います。

類から異の世界へ

趙州和尚の答えです。「州云く、『鎮州《ちんしゅう》に大蘿蔔頭《だいらふとう》を出だす』」。

ここに著語があります。ちょっと見ておきましょう。「天を撑《ささ》え地を拄《ささ》う」。大きな大根を生み出す力が、天を支え、地を支えているんだ、天をつくり、地をつくっているんだ、という感じですね。「釘を斬り鉄を截る」。釘は通常、煩悩妄想だと言われます。鉄がここでは仏見法見です。これも切らなくては、無一物にならないですよね。「脳後に腮《あご》を見れば、与《とも》に往来すること莫れ」。これが化け物という意味なんですね。脳後、頭の後ろに顎が付いている。だから、化け物とは付き合うな、と言っていますが、これは本心ではありませんね。化け物と付き合いなさい。そしてどうか、類の世界から異の世界へ飛び出してくれよ、と言っているんだと思います。

　頌に行きます。「鎮州に大蘿蔔頭を出だし」。ここに著語があって、「天下の人知る」。鎮州に大蘿蔔頭が出ることは、天下の人が知っている。そして趙州和尚が南泉和尚の弟子であることは承知している、ということです。「切に忌む道著《いいき》ることを」。けれども大切なのは、そう言いきれないところだぞ、と言っています。「一回挙著すれば一回新たなり」。聞けば聞くほど、新鮮な感じがする、ということですね。マンネリではないぞ、聴くたびに新しいことを発見できるぞ。もっともっと聴きたくなるぞ。

「天下の衲僧則《のり》を取る」。ここにも著語がつきます。「争奈《いかん》せん什麼《いんも》ならざることを。誰か這の閑言長語を用いん」。言葉ではないというんですね。なかなか思うようにならないものだ。天下の人はまたそれを一つの法則としてしまう。そこに問題があるのだけれども、という意味ですね。

「只だ自古自今を知るのみならば」。さらに著語があって、「半開半合」。ただ自己を知るのみならば、異も半分、類も半分で全開していない。「麻の如く粟の似し《ごと》」。そんな手合いがうじゃうじゃいる、ということですね。「自古《いにしえ》より也た恁麼《いんも》ならず、如今《いま》も也た恁麼《まま》ならず」。だから、自古自今だけではだめだ、と。

「争《いかで》か辨ぜん鵠《くぐい》は白く烏《からす》は黒きことを」。著語が続きます。「全機穎脱《えいだつ》す。長者は自《おのずか》ら長、短者は自ら短。識得する者は貴し。也た辨ずることを消得《もち》いず」。この「自ら」というのが大事なんでしょうね。決め事としてそうだ、というのではなくて、自ずから、です。そこをわかっているものは本当に尊いぞ。言葉なんか届かない世界なんだ、と。

「衲僧の鼻孔曾て拈得す」。ここに著語があって、「穿過し了れり」。ねじられたどころじゃない、へし折られてしまった。「裂転《れってん》」。裂けて転じるというのですから、凄い勢いだ、という意味ですね。凄い勢いというのは、鼻をねじられた、その先にあることだと思いますね。なぜならこれで、たとえば、百丈は悟れたわけです。そして、三日間、痛い痛いと言っていたというんです。その痛みです。痛さと同時に、自分の眼が開けた、空に開けた喜びを味わっていたんだと思います。

ですから、二つの面があります。法理と法味。法理は「色即是空、空即是色」。けれども、それでは収まらない、味わうしかない、というところが法味。法理も大事ですが、ぜひ法味を味わってもらいたいですね。皆さんはいろんな人生を経験しておられるのですから、法味を味わっていただければ、生きるのが楽しくなるのではないかと思います。

「錯！」――第三一則「麻谷振錫遶床」

【垂示】垂示に云く、動ずれば則ち影現れ、覚すれば則ち氷生ず。其れ或は動ぜず覚せざるも、野狐《やこ》の窟《すみか》裏に入るを免れず。透得徹《みとお》し信得及《しんじき》って、糸毫《いささか》の障翳《かげ》も無きときは、龍の水を得るが如く、虎の山に靠《よ》るに似たり。放行《ほうぎょう》するや瓦礫も光を生じ、把定《はじょう》するや真金も色を失す。古人の公案、未だ周遮《しゅうしゃ》なるを免れず。且道《さて》、什麼《いか》なる辺《あたり》の事をか評論する。試みに挙《こ》し看ん。

【本則】挙《こ》す。麻谷《まよく》、錫《しゃく》を持して章敬《しょうけい》に到る。禅床を遶《めぐ》ること三匝《みめぐり》、錫を振うこと一下《ひとたび》して、卓然として立つ。敬云く、「是《ぜ》なり、是なり」。雪竇《せっちょう》著語《じゃくご》して云く、「錯《あやま》てり」。麻谷、又た南泉に到る。禅床を遶ること三匝、錫を振うこと一下して、卓然として立つ。泉云く、「不是《ふぜ》、不是」。雪竇著語して云く、「錯てり」。麻谷《まよく》、当時《すぐさま》云く、「章敬は是《ぜ》なりと道《い》えり、和尚は為什麼《なにゆえ》にか不是《ふぜ》と道《い》う」。泉云く、「章敬は即ち是なり、是れ汝は不是《ふぜ》。此れは是れ風力《ふうりき》の転ずる所、終《つい》に敗壊《はいえ》を成すなり」。

【頌】此《こ》の錯彼《か》の錯、切に忌む拈却することを。四海浪平らかに、百川潮落つ。古策風高し十二門、門門路《みち》あるも空しく蕭索たり。蕭索に非ず。作者好《よ》し求めよ無病の薬を。

雪竇禅師の「錯」

三人の兄弟弟子が出てきます。いずれも馬祖のお弟子さんです。圜悟禅師の垂示に云く、「動ずれば則ち影現れ、覚すれば則ち氷生ず」。いろいろな解釈ができると思いますが、私たちの心のありさまを言っているわけですね。我々の元にあるもの、根底にあるものを言っているのではないでしょうか。我々の心は、ころころといつも動いています。そうすると、ただ動くだけでなく、いろいろな影までついてきます。いわゆる、煩悩妄想を言っているのでしょう。動くことによって、第二念、第三念が現れてくる。第一念でズバリと断ち切れないんですね。

「覚すれば」、一方、何かハッと悟るところがあれば、今度はどうなるかというと、悟ったことに縛られてしまう。それを氷にたとえているんですね。その一念が氷となってなかなか離れない。

「其れ或は動ぜず覚せざるも」。ならば、動に対して不動、覚に対して不覚。不動、不覚になる時はどうか。その状態は「野狐《やこ》の窟《すみか》裏に入るを免れず」と圜悟禅師はうたっています。そこは狐の住処だというんですね。何もない世界に閉じ込められてしまっているんだ、ということです。

じゃあ、どうしたらいいのか。それが次の二つ言葉で表されています。「透得徹《みとお》す」という言葉がひとつ。「信得及《しんじき》る」ということがひとつ。「透得徹《みとお》し」は、底の底まで見通して、ということです。「信得及《しんじき》って」も同じ意味です。「信」という字は漢和辞典でみますと、明らかにするという意味もあるようですね。「及」は通達する、ということですね。

明らかに、見切る、というところでしょうか。

「糸毫《いささか》の障翳《かげ》も無きときは」。影が亡くなった時。いわゆる十牛図の第八図ですね。「龍の水を得るが如く、虎の山に靠《よ》るに似たり」。そういう状態になるというんですね。

そんな方が、「放行《ほうぎょう》するや瓦礫も光を生じ、把定《はじょう》するや真金も色を失す」。本則の言葉で言えば、放行が「是なり是なり」、把定の方が「不是、不是」です。そういう方が放行すると、瓦礫も光を生ずるぞ。把定して「不是」と否定すると、真金も色を失うぞ、というんですね。

「古人の公案、未だ周遮《しゅうしゃ》なるを免れず」。古人の公案、というのは本則のことでいいと思います。古人の公案をここに挙げているけれども、――周遮というのは、回りくどいという意味ですね。周りを遮る、周りをうろうろする。ここにあげた古人の公案は、まだどこかまだるっこしい。

「且道《さて》、什麼《いか》なる辺《あたり》の事をか評論する」。この公案に対して雪竇禅師が、「錯」という字を付けているわけです。ここが「什麼《いか》なる辺《あたり》の事をか評論する」の眼目のところだと思います。

「試みに挙《こ》し看ん」。この回りくどい公案に、雪竇さんが「錯」の一字をつけてくれた。錯の一字をよく見るように。そういう話頭だと思います。

「是れ汝は不是」

本則に入ります。「挙《こ》す。麻谷《まよく》、錫《しゃく》を持して章敬《しょうけい》に到る」。この麻谷という人は臨済録にも登場しますね。臨済と見事な問答をします。その麻谷禅師の若い時のことで、ここでは、引き立て役に回っています。麻谷禅師が雲水の頃かもしれませんが、錫を持って行脚して、兄弟子の章敬さんのところに至った。

「禅床を遶《めぐ》ること三匝《みめぐり》、錫を振うこと一下《ひとたび》して、卓然として立つ」。行脚の礼儀としては、ここで道場の主人公に参拝しなくてはならないんですね。ところが、錫を振るって、卓然として立った、すっくと立った。すると、兄弟子の章敬は咎めることもせず、「是《ぜ》なり、是なり」と肯定してしまったんですね。肯定もできたはずですが、肯定した。

「雪竇著語《せっちょうじゃくご》して云く、『錯《あやま》てり』」。間違ったぞ、と。これは誰に言っているんでしょうか。

「麻谷、又た南泉に到る」。麻谷は今度は南泉のところやってきました。「禅床を遶ること三匝、錫を振うこと一下して、卓然として立つ」。章敬のところでやったことと同じです。ところがこれに対して、南泉は「不是、不是」と否定したわけです。ここにも「雪竇著語して云く、『錯てり』」。間違ったぞ。誤ったのは麻谷なのか、南泉なのか。

「麻谷《まよく》、当時《すぐさま》云く、『章敬は是《ぜ》なりと道《い》えり、和尚は為什麼《なにゆえ》にか不是と道《い》う』」。章敬は是なりと言ってくれました。なぜ和尚はいかんとおっしゃるのですか。

　そうしますと、南泉が言います。「章敬は即ち是なり、是れ汝は不是《ふぜ》」。章敬はいいんだ、問題は君だ。不是はあんただ。

もう一言触れていますね。「此れは是れ風力《ふうりき》の転ずる所」。錫杖をついて、お寺を訪ねて禅床を三回回って、持っていた杖をどしんとついて、すっくと立った。これが麻谷の境涯を表します。言葉を使わないだけに境涯が現れます。それを章敬は褒め称えたわけですね。一方、南泉は「だめだ、だめだ」と。

人間は四つの要素からできていますね。地水火風。「此れは是れ風力《ふうりき》の転ずる所」とは、あんたのその卓然として立ったところの姿は、その四つの中の風に吹かれて、そこに立っているようなものだ。何の芯もありはしない。「終《つい》に敗壊《はいえ》を成すなり」。そのうちに、風力の因縁が尽きて、壊れてしまう。そんな感じしかいただけないぞ、と。

無病の世界

そこを、雪竇が頌にうたいます。「此《こ》の錯彼《か》の錯」。南泉のところでの錯と、章敬のところでの錯。「切に忌む拈却することを」。拈は手に取る。却はその動作が完了することです。ですから、この錯かの錯を手にとって、それを自覚して、終わりとしてしまってはいかんぞ。雪竇さんが下してくれた二つの錯を、ただ取り上げるだけで済ませてはいかんぞ、というわけです。この錯のはたらきがあるがゆえに、「四海浪平らかに、百川潮落つ」という光景が現れるんだ、と言っていると思います。この二つをつくりだすのは、私の下した両錯ですぞ、と自信満々に雪竇さんがおっしゃっている、と見てはいかがでしょうか。

「古策風高し十二門、門門路《みち》あるも空しく蕭索たり。蕭索に非ず。作者好《よ》し求めよ無病の薬を」。これは麻谷に対してうたっています。古策、この錫杖です。昔から使われた行脚の杖は、自分より大きな杖なので、そこに風が当たります。そこには十二の門がある。錫杖の上にまとわりついているものがありますね。お釈迦様に「どうか坐を立って説法してください」と懇願した梵天が住むという天上界に、十二の門があるそうです。錫杖はお悟りを暗示しますので、「古策風高し十二門」。あんたのついてきた錫杖に当たる風、――錫杖には十二の空の門を表す金鐶が付いている。一つ一つの門、それぞれの道があるが、「空しく蕭索たり」と言っています。ガランとして何も通っていない。風が通り過ぎるだけだ。空の門があるだけで、猫の子一匹通っていないぞ。「蕭索に非ず」。本来は、蕭索でないはずだ。人っ子一人いないようではないはずだ。第八図には何もないというけれども、それでいいのか。本当の世界はそうなのか、と問いかけているわけです。

「作者好《よ》し求めよ無病の薬を」。作者はいちおう、麻谷を指しているんでしょう。麻谷さん、あんたも作者だろう。「好《よ》し求めよ無病の薬を」。無病、病がないというのを、治す薬なんでしょうね。無病がいいとばかりに、そこに座り込んでいる、その人物を立たせる薬を、麻谷さん、あんたに飲んでもらわないとならん、と言っているのでしょう。あるいは、麻谷はさておいて、読者の皆さん、心ある者はその無病を治す薬を求めてもらわなくてはなりませんな、と言っているのかもしれません。いかがでしょうか。

繰り返しになりますが、「此《こ》の錯彼《か》の錯、切に忌む拈却することを」。ただそれに対して、雪竇の二つの錯が下されたというだけでは困る、という意味ですね。それでこの公案を終わりにしては困りますぞと。ではどうすればいいのか。それが、垂示に出た二つの言葉です。「透得徹」「信得及」。雪竇禅師の二つの錯を徹底検討して、とことん論じてもらわなくては困る。伊達や酔狂に下した錯ではないのだから、という感じですね。いかがでしょうか。そうすることで初めて、「四海浪平らかに、百川潮落つ」という世界が生まれてくるんだ、ということですね。自然法爾の世界です。病の真っ只中で、病を寄せ付けない真の無病の世界です。

「主人公いずこにか在る」

次に、本則の著語を見てみましょう。

「麻谷《まよく》、錫《しゃく》を持して章敬《しょうけい》に到る。禅床を遶《めぐ》ること三匝《みめぐり》、錫を振うこと一下《ひとたび》して、卓然として立つ」。それに対して、「曹渓《そうけい》の様子」、曹渓とは慧能禅師のことですね。慧能禅師のもとに、永嘉玄覚という人が訪ねてきます。その様子と瓜二つなんですね。そこで「一模」。その方との出会いを彷彿とさせるような、しかし、「一模より脱出《ぬきだ》す」。真似したわけじゃないぞ。抜け出しているぞ。「直《つい》得に天を驚かし地を動かす」。そういうような勢いで、すっくと章敬の前にたったぞ、という感じです。

そこで「敬云く、『是《ぜ》なり、是なり』」。おお、よしよし、といったわけです。ところが著語は逆に、「泥裏に土塊を洗う」。泥で足の汚れを洗うようなものだ。どっちもどっちだ。「一船の人を賺殺《たぶらか》す」。乗合船にいる方々、周りの人々、章敬のもとに集まった人々を騙したことになりませんかな。口では「是《ぜ》なり、是なり」と言っているけれども、実は、本心かな、と言っています。「是れ什麼《なん》たる語話《いいぐさ》ぞ」。「是《ぜ》なり、是なり」など、どこからそんな言葉が出てくるのか。「繋驢橛子《けろけっし》」。ロバをつなぐ杭だ。つまり、人を惑わすだけだぞ、と大いにけなしているんですね。

「雪竇著語《せっちょうじゃくご》して云く、『錯《あやま》てり』」。著語で、「放過せば則ち不可」。ここで許してしまうといけないところだった。「猶お一著を較《たが》う在《なり》」。一発見舞ってくれてよかった。錯が一発なわけです。

「麻谷、又た南泉に到る。禅床を遶ること三匝、錫を振うこと一下して、卓然として立つ」。麻谷は同じことをやるわけです。前に「是《ぜ》なり、是なり」と言われたから、勢いに乗っていると思います。著語では「依前として泥裏に土塊を洗う」。また同じことをやらかした。行脚で泥だらけになった足を、泥水で洗おうとしているようなものだ。「再び運《めぐ》りて前《すす》み来たる」。再び巡って、南泉の前に出てきた。「鰕《えび》は斗《ます》を跳び出でず」。エビは升を飛び出すことはないぞ。本当の自由はそこにはないぞ、という感じですね。

「泉云く、『不是《ふぜ》、不是』」。今度は南泉に否定されました。著語に、「何ぞ承当《うけが》わざる」。「不是《ふぜ》、不是」と言われたのが、どうしてわからないのか。これは麻谷に言っている感じですね。「人を殺すに眨眼《まばたき》もせず」。これは南泉の「不是」ですね。瞬きもせずに、麻谷を殺しているんだぞ。殺人剣を振るっているんだぞ。それが麻谷さん、わからないのか。「是れ什麼《なん》たる語話ぞ」。しっかり「不是《ふぜ》、不是」を噛み締めてみよ。

「雪竇著語して云く、『錯てり』」。著語して、「放過せば不可」。決して許してはいけないんだ、と。

「麻谷《まよく》、当時《すぐさま》云く、『章敬は是《ぜ》なりと道《い》えり、和尚は為什麼《なにゆえ》にか不是と道《い》う』」。著語が入ります。「主人公什麼処《いずこ》にか在る」。麻谷の主人公はいったいどこに行ってしまったのか。「這《こ》の漢《おとこ》元来《なんと》人の舌頭を取る」。主人公を放っておいて、章敬に是と言われ、南泉に不是と言われた、その舌頭に引っ張り回されている。「漏逗《ぼろだし》し了れり」。ボロが出たぞ、ということです。

「泉云く、『章敬は即ち是なり、是れ汝は不是《ふぜ》』」。著語に、「也《ま》た好し人を殺して須《すべか》らく血を見るべし」。そこまで言ってくれたか。くどいようですけれども、章敬は問題じゃない、おまえさんが問題なんだ。その通り！　人を殺したら、血を見て確かめなくてはいかん。「人の為《ため》にせんには須らく為《ため》に徹すべし」。人のために何かをしようとしたら、すべからく、そこまで徹しなくてはならないんだ。「多少《あまた》の人を瞞《だま》脚し来たる」。しかし今まで、どれだけの人を騙してきたことか。騙してきたからわかることだ、というのかもしれませんね。

「此れは是れ風力《ふうりき》の転ずる所、終《つい》に敗壊《はいえ》を成すなり」。著語して、「果然《はた》して他《かれ》に籠罩《とりこ》めらる」。すっくと卓然として立ったところですね。見かけのいいところだが、果たして彼は、南泉に虜にされてしまっている。「自己を争奈何《いかん》せん。」麻谷さん、あんたの自己はどうしたのか。

あの豪傑の項羽が四面楚歌で敗れた時に、言いますね。「虞や虞や汝を如何せん」。あの「如何せん」です。「力山を抜き氣世を蓋う」。元気な時の項羽ですね。「時利あらずして、騅逝かず」。時移って、名馬の騅もそれを感じ取って進もうともしない。「騅逝かざる如何すべき、虞や虞や汝を如何せん」。

麻谷さん、あんたの自己はどこにいってしまったのか。もぬけのからかい。どうしたらあんたの自己を、主人公を取りもどすことができるか。完全に南泉に虜になってしまっているではないか。こんな著語をつけています。

項羽が元気な時は、まさに垂示でいう「放行《ほうぎょう》するや瓦礫も光を生じ、把定《はじょう》するや真金も色を失す」という力量を見せたわけですね。ところが、追い込まれて、何もできなくなってしまった。そのところは、「其れ或は動ぜず覚せざるも」、名馬の騅も動かなくなってしまったわけですから、「野狐《やこ》の窟《すみか》裏に入るを免れず」の状態だと思いますね。絶対絶命の状態です。

「歟」の一字——疑問、反語、感嘆

こういう一字がありますね。「歟」。疑問文を作る働き、反語、感嘆。この三つの働きを持っているそうです。公案もこの三つに尽きると思います。なぜなら、趙州無字、「狗子に還て仏性有りや、また無しや」。狗に仏性がありましょうか、の「か」ですね。それを坐禅しながら工夫していくわけなんです。

そうしますと、狗に仏性があるかないかの解決はつかないまでも、そのうちに、みんな同じところから生まれ出てきたんじゃないか、という気がしてきますね。同じところから生まれてきたんだ。今、自分は差別の世界の中で、自分としてここにいるけれども、少なくとも同じところから生まれてきたんではないか、という思いが強くなるんですね。それが反語の世界ではないかと思います。

どうしてか。趙州無字。無とは何か。もしかしたら、無ではなく、有ではないか。今度は逆方向に入っていくわけですね。あるのだろうか、果たしてないのだろうか。こうして無に行ったり、有に行ったりするうちに、わけがわからなくなってしまうんです。絶対絶命です。そこで大死一番、死に切って、感嘆符の世界に入っていくんだと思います。ああそうか。無とはこういう世界だったのか！という世界に入ってくるんですよ。これが趙州無字の世界だと思います。有るとか無いとかが関係なくなってくるんですね。それが、大事なんだと思います。

麻谷は「是、不是」に捉われていますね。捉われているうちはだめなんです。捉われないところへやってきて、ようやく主人公が現れるんだと思いますね。是とも不是とも決まったものではなく、その時々に応じての、その人の主体性です。それを「透得徹」「信得及」というのでしょう。感嘆符の世界です。

「古人の公案」というのが垂示に出てきますが、すべてそうだと思います。みんな疑問に始まり、疑問に始まるから感嘆符がある。見逃してしまうと疑問が生まれません。引っかかるからこそ疑問になる。だから、疑問が尊いのです。疑問があるからこそ、感嘆符の世界が生まれ開かれます。ああ、こういうことだったのか！と。

よくこんなふうに言いますね。お悟りが開ける前も、山は山、川は川だった。お悟りが開けた後は、山は山でなく、川は川でなかった。無が有でもある、大きな世界に出るわけです。出て、感嘆符の世界に行き着く、ということだと思います。そして、趙州の無字はこういうことだったのだ、と気づくのでしょう。

私どものいる祥福寺は、道場を開いた盤珪禅師の法系が絶えてから、白隠禅師の第四世をお迎えして、そこから白隠系の道場に変わりました。ですから、贅沢なんですよね。私たちは、盤珪さんの道場でもあり、白隠さんの道場でもあるところで修行しているんです。白隠下四世黙傳さんが、大きく「無」と一字書きまして、「これはこれ、達磨を指差すにあらずや」と。趙州の無字は、達磨さんのことを指差しているのではないか、という讃をつけています。無は達磨だ。無は有だ。それを通して、無というのはこういう世界だったのか、というところへ導いてくれるのですね。

「黒きこと漆の如し」というところから、出る必要があるんですね。第八図だけではないわけです。第八、第九、第十が一緒になった世界を、禅は主張するんです。その元になる世界が第八図なんですが、第八図のままでいる限り、第八図は生きないのですね。本当に生きるのは、第九図、第十図となって現れるところ。第八図だけではだめだ、というのが禅が主張するところです。

一度出てしまうと、すべてが肯定できる世界に一転するというんです。第一図でもよくなるんですね。若者が何もわからず、方角も分からないでいるような図ですけれども、あれが素晴らしく映るんですよ。心に響いてくるんですね。「力尽き神疲れて覓むるに処なし」。どうして昔はあんなことができたのだろう。これだけでいいじゃないか、というように、第一図が一転するわけです。第八図に出ることによって、第九、第十はもちろん、第一から第七までも本当の意味で肯定できるようになる。

川は川、山は山。悟りの世界を通してどこへ出るかというと、やはり山は山、川は川なんです。最初は迷っていますが、第八図を通り抜けると、「四海浪平らかに、百川潮落つ」となるんですね。そう本当に言えるようになるためには、第八図が本当に大事になってくると思います。なくてはならぬのです。

大地震が起こると、川を波が逆流します。そのど真ん中が第八の世界なんでしょう。禅にも「黄河が逆流したら答えてやろう」と出てきます。そういう、黄河が逆流するような世界を通して初めて、山は山、川は川で据わりができるのです。山や川は変わっていませんが、見る方は変わっているのでしょうね。

そのためにはどうしても、黄河が逆流するという常識を破った世界に出なくてはならない。そして、常識を破った世界に居続けるのではなくて、もう一度常識の世界に帰る。「炎は空にのぼり、水はくだりさまに流る」という世界に。そこで初めて、「四海浪平らかに、百川潮落つ」という世界が出てくる。そのためには、まず、疑問が大切なんですね。「四海浪平らかに、百川潮落つ」ということに、何の疑問も起こさないと、そこで終わりなのです。

定上座の大悟――第三二則「臨済仏法大意」

【垂示】垂示《すいじ》に云く、十方坐断して、千眼頓《にわか》に開き、一句流れを截ちて、万機寝削《しんさく》す。還《は》た同死同生する底《もの》有りや。現成公案《げんじょうこうあん》、打畳不下《だじょうふげ》ならば、古人の葛藤、試みに請う挙《こ》し看ん。

【本則】挙《こ》す。定上座《じょうじょうざ》、臨済《りんざい》に問う、「如何なるか是れ仏法の大意」。済、禅床を下り、擒住《ひっつか》んで一掌《ひらてうち》を与え便ち托開《つきはな》す。定、佇立す。傍《かたわら》の僧云く、「定上座、何ぞ礼拝《らいはい》せざる」。定、礼拝するに方《あた》って、忽然《はた》と大悟す。

【頌】断際《だんさい》の全機後蹤《こうしょう》に継がる、持ち来たること何ぞ必ずしも従容《しょうよう》に在らん。巨霊《これい》手を擡《もた》ぐるに多子《たす》無し、分破す華山の千万重。

臨済と定上座

一番最初、「垂示《すいじ》に云く、十方坐断して、千眼頓《にわか》に開き」。これは今日の則に当てはめると、どのように見たらいいでしょうね。まず、定上座が臨済に問うわけですね。その時の、臨済のありさまとして見ていただいてはどうか、というのが一つです。「十方坐断して、千眼頓《にわか》に開き」。探竿影草という言葉がありますね。竿で川の状態を調べる、という言葉です。

本則のところです。定上座が質問しに出てきました。定上座が臨済に問うために、大衆の中から、立ち上がったか、前に進んで問うたか、乾坤唯一人という存在に変わるわけですね。そして臨済に質問をぶつける。真剣勝負が始まるわけです。大衆の中から立ち上がり、臨済に質問の矢を放つわけですから、これはなかなか大変なことです。

定上座が立ち上がったのを見て、臨済も質問に構えます。それが「十方坐断して、千眼頓《にわか》に開き」ということでしょう。坐というのは居ながらに、という意味です。例えば、臨済禅師が曲彔に坐っているとしますと、曲彔に坐ったままで、という意味ですね。そのままで、十方を坐断した、というんですね。

人と境という言葉があります。人境。臨済にはいろいろな言葉がありますが、四料揀という言葉、四つのうちの一つに奪人不奪境という言葉があります。人を奪って境を奪わない。外の世界はそのままにして人の方をなくする、という意味ですね。

それが、般若心経でいう色即是空ということだと思います。もっと言えば、色即是空というのは、人も奪い、境も奪っているのかもしれませんね。色というのは私たち一人一人、形あるもの。それを奪います。そして、山や川、外の世界である境も奪ってなくしてしまう。何もないのが空という世界ですね。自分だけでなく、山や川、外の世界のいろいろなものもなくしてしまう。それが色即是空ということでしょう。

「十方坐断して」というのはまさにそういう世界。空になりきるわけです。そうすると、どうなるか。何も無くなってしまう。それが不思議なところですね。そこから、「千眼頓《にわか》に開き」という働きが出てくるわけです。そう思ってください。

基本的なことを言いますね。こちらを色、あちらを空とします。色即是空です。あちらへ行くときに、どうするかというと、殺人刀《さつじんとう》を使うわけです。殺人刀で、自己をはじめ何もかもを殺し尽くしたところが空の世界ですね。そして空の世界へ出ますと、それでいいのではなく、心経はすぐに「空即是色」と、色の世界へ帰れと言います。これを活人剣《かつにんけん》と言いますね。殺人刀、活人剣というのはこういうことでしょう。

見性というのは、空に出会うことですね。成仏というのは色に帰ったところでしょう。見性成仏とはこういうことです。禅の方では、空に出会うことを見性といい、そこからすぐにまた色の世界へ帰る、そこを成仏という。見性して仏となって、再び色の世界へ帰ってくるんですね。

「十方坐断して」というのは、空の世界を開いたということだと思います。そうすると、「千眼頓《にわか》に開き」という働きがそこから生まれるんですね。一切空の世界に躍り出ることによって、観音様の千の眼がいっぺんに開いた。これが定上座の質問にあった時の、臨済のありさまだと思うんです。

そして、千眼が開いたんですから、その目でもって、どうすればこの人物を悟りへ導くことができるか、と臨済は思ったはずです。どうすればいいか。そこで実際にやったことが、「一句流れを截ちて」ということだと思います。臨済の働きです。「一句流れを截ちて、万機寝削《しんさく》す」。一句とは何かと言うと、禅の方では必ずしも言葉でなくていいんですね。もちろん言葉でもいいですが、なんでも一句なんです。ここでは「一掌《ひらてうち》を与え」。これも一句なんです。そして同時に、「托開《つきはな》」した。これも一句です。そういう行動によって、働きかけによって、定上座の流れを断ち切ってしまった、というわけですね。「十方坐断」の坐断と同じですね。

定上座のあらゆる働きを、削り取ってしまった。それが、「定、佇立す」。呆然と、立ちん坊になったわけです。頭が真っ白になって、立ち尽くした、というところですね。ここが大事なんだ、というんですね。

そこで「還《は》た同死同生する底《もの》有りや」と圜悟禅師は続けています。還《は》たというのは、疑問文に添える言葉だと思ってください。この定上座と同じく死に、同じく生きるものありや、と言っていますね。この時、定上座がどんな状態であったか。「分かる」ということを超えていると思います。禅ですから、「同死同生する底《もの》有りや」となるわけです。

一番いいのは、傍の僧も定上座と同じになることだったでしょうね。しかし、そうは書いてありませんから、誰もこの定上座に習って、できたわけではないようです。

「現成公案《げんじょうこうあん》」。これは、私たちが今抱えている問題のことです。人の数だけ現成公案があるわけです。一人一人が持ち合わせていると思います。現実の問題ですから、なかなか「打畳不下《だじょうふげ》」なんですね。解決の道を見いだしかねるわけです。

ならば、と「古人の葛藤」と言っています。昔の人の行った禅問答。いわゆる、現成公案に対して「古則公案」と言います。古則公案をここに持ってくるから、「試みに請う挙《こ》し看ん」。よく見極めてほしい。そう言って、本則を持ち出したわけです。

定上座にとっては、「如何なるか是れ仏法の大意」というのが現成公案ですね。一番の関心事であり、解きたい問題でありました。しかし私たちの現成公案はそれではないかもしれません。柱は縦に、敷居は横に、これも現成公案という。人によってまちまちだし、なかなか統一できない。そこで古則の公案を持ってくるから、問いに即して工夫してもらいたい、という意味の垂示であろうと思います。

定上座の大悟

そこで、本則へ行ってみます。「定上座《じょうじょうざ》、臨済《りんざい》に問う、『如何なるか是れ仏法の大意』」。臨済に、こう問うたわけです。

ところで、臨済が師匠の黄檗禅師に尋ねたのは何か。必ずしも現成公案ではなかったんですね。臨済は三年間、黄檗の元で熱心に修行していたそうです。そこで先輩の睦州和尚が勧めるんですね。どうして坐ってばかりいて、黄檗禅師のもとに参禅しないのか、と。すると臨済禅師はこれといって尋ねることがない、というのです。これは臨済の修行が軌道に乗っていたから、そこで満足していて、改めて黄檗禅師に正したいことはありません、ということだと思います。

しかし、先輩は「それではだめだ」というんですね。臨済には現成公案はなかったんですが、公案を作らせるわけです。何も問題がないんだったら、黄檗禅師のところへ行って、「如何なるか仏法的的の大意」と聞いてみろ、というんです。

本則と同じです。的的の二字がないだけです。だから、かつて自分が現成公案がないままに修行をしていて、睦州に言われて黄檗禅師に尋ねたのと同じ質問を、臨済がぶつけられているわけです。ですから、かつての経験がありますね。どうすればこの男を空に持っていくことができるか。臨済にとって、まことにある意味、よくわかっていたと思うんです。だから常識的には荒っぽいやり方に出ます。しかし、臨済には自分の経験がありますから、こうやったんだと思うわけです。

どうやったかというと、「済、禅床を下り」。曲彔から降り、「擒住《ひっつか》んで一掌《ひらてうち》を与え便ち托開《つきはな》す」。まことに滅茶苦茶なことをします。

定上座も仏法の質問をしたんですから、こんな仕打ちに遭うとは思わなかったでしょうね。それだけに、何が何だかわからなくなってしまった、頭が真っ白になってしまった。「定、佇立す」。呆然として突っ立っているだけだった。なんで叩かれたのかわけがわからないまま、呆然と立ち尽くした。大男で体力のある方だったらしいですから、平手打ちには耐えたんでしょうね。しかし、よろめいたことはよろめいた。踏ん張って、立ちん坊になった、というところでしょう。

この状態こそ、臨済が望んだところだと思うんです。京都・相国寺に大津櫪堂老師という方がいらして、その方がいいますことに、とにかく坐るんだ、と。坐って坐って、わけがわからなくなるまで坐るんだ。それが、この老師さんの口癖だったそうです。これは一つの極意ですね。坐禅してすっきりするのではないんです。わけがわからなくなるまで坐れという。これは大変です。

定上座はまさにそうです。一遍にそこへ行ってしまったわけです。しかしそれは、定上座がこれまで、「如何なるか是れ仏法の大意」ということをいろいろ工夫し考えていた成果が入っていると思います。だから、頭が真っ白になりましたが、そこにはこれまでの修行した成果がありますね。それが大悟へと導いたということでしょう。とにかく、呆然として、立ち尽くしたわけです。

そうしますと、傍らの僧が、「定上座、何ぞ礼拝《らいはい》せざる」といったわけです。傍らの僧は自分のことではないから、客観的に見られますね。暴力沙汰とは取っていないんです。いいお示しをいただいていて、どうして頭をさげんのか、という感じでしょうね。言われて、定上座は素直に礼拝を始めたわけです。茫然自失して突っ立っていた状態が、動いたわけです。その時に、何かが生まれたのです。「定、礼拝するに方《あた》って、忽然《はた》と大悟す」。こういう記述になっていますね。こういう出来事があったということです。

白隠さんは、この傍らの僧を罵っています。余計なことをするやつだ、と。明日まで立たせておきたいという。それが白隠さんですね。しかし、これも「抑下の托上」かもしれませんね。逆説的に褒めているのかもしれません。大悟しているんですから。

著語を見てみましょう。著語からわかるのは圜悟禅師が何を見ているか、ということですね。それが真実であるかどうかは、また分からないといえるでしょう。

「忽然《はた》と大悟す」のところを見てみましょう。次のように著語しています。「暗に灯を得るが如く、貧の宝を得るが如し。錯を将《もつ》て錯を就《な》す。且道《さて》、定上座は箇の什麽《なに》を見てか便ち礼拝する」と。

「暗に灯を得るが如く、貧の宝を得るが如し」。真っ暗闇の中にいて、灯火を得るようなものだ、と言っています。貧しいものが宝を得るようなものだ。こう言っておいて、「錯を将《もつ》て錯を就《な》す」。何れにしても過ちから過ちへ行っただけだ。

「且道《さて》定上座は箇の什麽《なに》を見てか便ち礼拝する」。これはどうでしょう。傍らの僧が、どうして礼拝しないのか、と言ったら、定上座は素直に礼拝しました。これはどう見ますか。極端に言えば、空の状態になっているんですね。そこから体を動かしますでしょう。空が働くわけですね。これが大悟へと導いたんだと思います。

我々は通常、自分の意思で動きます。意思をもとに行動する。ところがここでは、何もかもわからなくなってしまった。これは空の世界と紙一重なんですね。どうして頭をさげんのか、と言われて、すっと頭を下げられたというのは、空の世界へ転じたんだと思うんですね。これが空だ、と一体となれたんだと思います。空の力で礼拝するということを、身にしみて感じ取ったんだと思います。そこで大悟するわけです。

臨済と大愚

臨済が黄檗の元で同じ質問をしますね。すると、棒で二〇回くらい叩かれるんです。そして、這々のていで先輩の元へ帰ってくるんです。すると、睦州がききます。どうだったかと。すると臨済は「何が何だかわかりません。先輩から言われた通りにお尋ねした言葉が終わるか終わらないうちから、めちゃくちゃに叩かれました。何が何だかわかりません」と。

するとは睦州は、もう一度行ってこい、というんです。臨済は素直で、また行くんです。そして同じ目に遭うんです。報告すると、睦州はもう一度行けという。そして行く。三回。

三回というのは無限という意味がありますから、もっと行ったのかもしれません。さすがの臨済も音を上げて、「私はここに縁がないのだと思います。どこかよそで修行し直したい」、と先輩にいうんです。

すると、「そうか、それなら必ず黄檗禅師に挨拶していけよ」、と睦州は言っておいて、黄檗の下に先回りして申し上げるんです。「先ほどまいりました者は、なかなか見どころのある男でございます。後の世の大きな木陰、悩み苦しむ人への大きな安息を与えるような人物になる男だと思います。挨拶に来ますから、どうか方便をお示しくださいませ」というんですね。

そこに臨済がやってきます。黄檗は「そうか。行くなら、あそこへ行け」といって大愚和尚を指名するんです。和尚の居場所までどれくらい距離があるかわかりませんが、歩けば一ヶ月くらいかかるところなのかもしれません。その間、臨済は自分を責めるわけですね。いったいどうして自分は叩かれたのか。どこに落ち度があったのか。これだけだったでしょうね。

そして、大愚禅師の元に行くわけです。すると、大愚が尋ねます。「どこから来た」「黄檗禅師のところです」。大愚は黄檗と同参の修行仲間で仲がいいですから、「そうか。黄檗はどんな指導をしたのか」。臨済は自分がされたことを包み隠さず話すわけですね。そしてどうして自分があのようにめちゃくちゃに打たれたのか全くわからない、という。すると、大愚は「黄檗はなんと親切な人物なのか」というんですね。それで、その一言で、臨済はガラッと悟ってしまったというんです。

定上座は真っ白になった。臨済は自分を責めた。黄檗に落ち度があるとはこれっぽっちも考えていない。自分に落ち度があったに違いない。しかし、どこに落ち度があったのかちっとも分からない。大きなクエスチョンマークとなりながら大愚の元へ行きます。そこで「なんと黄檗は親切な人物だ」と言われて、ああ、自分に落ち度があったからではなかったんだ、と気づく。ただそれだけのことでガラッと変わってしまうんですね。

臨済録を見てみましょう。「大愚云く」。大愚和尚がいうんですね。「黄檗何の言句か有る」。どのようなことを今、黄檗は言って修行させているのか。「師云く、それがし仏法的的の大意を問い三度棒を喫す。知らず過ありや過なきや」。全くわかりません、というわけです。これに対して「大愚曰く、黄檗恁麼に老婆なり」。黄檗はそんなにも親切な指導をしているのか。「汝が為に徹困なることを得たり」。おまえさんに対してはまことに行き届いた指導ぶりだというんですね。「更に来って過ありやなしやと問う」。そんなに親切な指導にあっておきながら、おまえはここへやってきてわしに問うのか、というんですね。

臨済は全然違う方に問題を持ってきていたわけですね。黄檗が叩いた理由を自分の方に持っていってしまった。この一語で悟ったんですね。「師、言下に大悟す」。ここでも大悟が出てきますね。臨済はこの大愚の言葉でもって大悟した。そして曰く、「元来、黄檗の仏法多子《たす》無し」というんです。有名な言葉ですね。多いことはなし、ということは簡明端的だということでしょう。複雑でない、ということです。

現成公案がありましたね。私たちが今持っている問題は多種多様で、「打畳不下《だじょうふげ》」、まとまらない。ところが簡明なんです。「黄檗の仏法多子無し」、多くないというのですから。こういうことだったのか、と捕まえることができたわけです。

「大愚搊住して云く」、大愚和尚は臨済の胸ぐらを掴んで言いました。「這の尿牀の鬼子」、このしょんべんたれ小僧め、という感じですね。「適来は過有るか過無きかと道い、如今は却って道う、黄檗の仏法多子無しと」。先ほどは、私のどこに咎があったのでしょうか、と聞きながら、今は「黄檗の仏法多子無し」などという。「汝、箇の什麽の道理を見て」、いったいどんなことを見て、多子無しなどと言ったのか、ということですね。「速かに道え、速かに道え」と、胸ぐらを掴んで問うたというんですね。

そうしますと、「師、大愚の脅下に於いて、築くこと三拳す」。掴まれているので言葉が出にくかったんでしょうね。脇腹を三回拳でしっかりと突いたというんです。そうしますと「大愚、托開して云く、汝が師は黄檗なり」と認めるんですね。この男が見たことは間違いない。黄檗のところへ帰れ、といって返すんです。「三拳」も一句ですね。「速かに道え、速かに道え」ですから。

そして黄檗のところへ帰ります。そこでの臨済の働きぶりが素晴らしいんです。それをぜひ聴いていただきたいと思います。

臨済と黄檗――空のはたらく世界

これからが本番です。どんな臨済に変わっていたか。「師、大愚を辞して、黄檗に却回す」。黄檗のところへ帰ってきました。「黄檗来たるを見て便ち問う」。黄檗は臨済が帰ってきたのを見て問いかけます。「這の漢来来去去して、什麼の了期か有らん」。出て行ったと思ったらもう帰ってきた、こんなことをしていて修行が終わる時があるか、というんです。すると「師云く」臨済がいうんですね。「ただ老婆親切なるが為なり」。ただただ、お師匠さんが老婆親切であるためです。老婆親切だということがわかった。それと同時に臨済は変われたわけです。「便ち人事し了って侍立す」ご挨拶をして、黄檗のそばに立った。

そこで「黄檗問う、什麼の処にか去り来る」。どこへ行ってきたんだ。「師云く」あなたがお示しくださった通りに、大愚禅師のところへ行ってきました。「黄檗云く、大愚何の言句か有りし」、大愚との間でどんな問答をしたか。すると「師遂に前話を挙す」、こんなことがありました、と話した。黄檗は「作麼生か這の漢を得来たって、痛く一頓を与えんと待す」。余計なことを言いおって、と大愚のことを言うんです。今度ここへ来たら、一頓の棒を食らわせてやるぞ。すると「師云く、什麼の待すとか説き来たらん、即今便ち喫せよ」といって、「随後に便ち掌す」。すごいですね。悠長なことを言っていないで、「即今便ち喫せよ」とばかりに臨済が師匠の黄檗を叩いてしまった。

どうしてこんなことができるんでしょう。めちゃくちゃですね。最初は臨済が打たれたのがめちゃくちゃ、今度は臨済が黄檗を打った。これが空の働きです。成仏した、仏となった、大悟した証です。空ですから、ともかくスケールが大きいんです。大愚や黄檗というものがなくなってしまい、一つになる。みんな一つの世界を生きているんだということです。

まず「ここへ来たら」と言いますね。来るには時間が必要ですね。ところが来る必要もなくなる。黄檗と大愚の違いも無くなってしまうんですよ。そして臨済が叩いたということは、臨済が黄檗になってしまっているんですね。黄檗になって、師匠の黄檗を大愚に見立てて殴っているんです。すると、黄檗は「棒を食らわせてやる」というのは自分が言ったことですから、臨済から平手打ちされても文句は言えませんね。これが空ということから出ているということを黄檗はわかっていますから、こういうことが起きるんですね。空間を超越していますから、大愚や黄檗というものも関係なく、大きな一つの平等の世界が開かれるわけですね。

黄檗はその時「這の風顚漢、却って這裏に来たって虎鬚を捋く」。虎の髭を撫でたわい、というわけです。叩かれたけれども、虎の髭をなでる程度の出来事だというわけです。そうすると、「師便ち喝す」。これが臨済の最初の一喝だったと言われているんです。

今の話を聞いていただいて、この定上座がどう悟ったか、ご理解いただけましたか。

黄檗が大愚で臨済が黄檗で、――私というものは全くなく、働いているんだと思います。それはそれとして、良寛さんが「比丘は万事はいらず」と言っていますね。比丘は坊さんですが、比丘はたくさんのことはいらない、と。「ただ常不軽菩薩の行ぞ殊勝なりけり」。常不軽菩薩は人を見ればあなたは仏となるお方です、といって礼拝する菩薩です。気味悪がられて石をぶつけられたりするんですが、石が届かないところまで逃げて、合掌していく。常に人を軽んじない菩薩。良寛さんは、ただ一つ、礼拝だけできればいい、本当に心から礼拝できれば、それ一つでいいんだ、と言っています。まさに定上座は勧められ、自らも分別を入れずにそれをやったわけです。そこにやはり、礼拝の一つの力があると思います。

「多子無し」、ということは、価値判断ではないと言っているんですね。たいしたことはない、という意味にとっては、大間違いだぞ、と言っていますね。簡潔です。簡明です。簡潔でこれだ！　とはっきり掴んでいます。良寛さんで言えば、礼拝だ！　それだけでいいんだ！　ということです。これを「多子無し」、というわけです。

白露という不思議

頌に移ります。

「断際《だんさい》の全機後蹤《こうしょう》に継がる」。「断際《だんさい》」というのは黄檗禅師が皇帝からいただいた諡です。時間を断つという意味でしょうか。「機」は働き。その時その時、働きを丸出しにする。その働きが「後蹤《こうしょう》に継がる」。臨済に継がれ、臨済から定上座に継がれた。

この後の著語がいいですね。「黄河は源頭より濁り了れり」。空開という限りない開き、その隅々まで真っ黄色だ、というんでしょうね。黄河の水は徹底濁っている、という言葉ですね。「子は父の業を承く」。子は臨済であり、また臨済が定上座へ、定上座はまた次へ。「持ち来たること何ぞ必ずしも従容《しょうよう》に在らん」。仏道以外のいろいろな道を外道と言いますね。仏道の中でも、禅は独特だと思います。従容《しょうよう》というと、ギリシャの哲人を思いますね。ソクラテスとかプラトンとか、長い衣を引きずって、ゆったりと問答をする。ところが我が禅宗はどうでしょう。黄檗は臨済に何をしたか、臨済は定上座に何をしたか。全く従容《しょうよう》ではないですね。「従容《しょうよう》にして雄渾」なのが、ギリシャの哲人だそうですね。「巨霊《これい》手を擡《もた》ぐるに多子《たす》無し」。黄河の水が溢れ出て、よく洪水を起こしたそうです。そこで「巨霊《これい》」、土地の神様が、ひょいと軽く手をもたげて、華山という山を二つにしてしまった。分けたところ、切り離したところに黄河の水が流れ出て、洪水が防がれた、という故事があるそうです。

「従容《しょうよう》に在らん」というと、実際従容ではなかったわけですが、その逆のことをここに出していますね。「巨霊《これい》手を擡《もた》ぐるに多子《たす》無し、分破す華山の千万重」。千万重の重さの華山を二つに分けて、その間に水を通した、軽々とそんな荒技をやってのけた。こういう詩を作って褒め称えているわけです。

そこに著語です。「乾坤大地、一時に露出するも、堕《くず》れたり」。「堕《くず》れたり」というのは、定上座の礼拝みたいですね。大男の定上座が崩れてバラバラになって、そこに新しい定上座が生まれた。よくあるんですね。かまどの神様が悪さをする、なんていう話があった。そこに禅坊主が行って叩き割ってしまった。そして、そういう迷信をなくした、という話があります。定上座を崩して、崩れることのない定上座を出現させた。

こういう歌がありますね。「白露のおのが姿をそのままに紅葉におけば紅の玉」。そうしますと、白露というのは空に触れたところ、空になったところでしょう。色即是空で空に触れますと、まず自分が空になりますね。そうすると、「乾坤大地、一時に露出する」わけです。これがすごいですね。空になった白露が、紅葉の葉に宿ります。そうすると、白露は空ですから、紅の玉になるんですね。緑の葉っぱに置いたらどうなるんでしょうか。緑の玉になるんですよね。奪人ということは自分が空に死に切った時、ありとあらゆるものが自分なわけです。だから、この歌は、十牛図の第九図を表しているのではないかと思うんですね。自分が無になった時、ありとあらゆるもの、自己でないものはない。

最後のこの言葉はいろいろに取れるでしょうね。「乾坤大地、一時に露出するも」、自分が無になったら、乾坤大地が露出しても、それだけではない。その一つの例が華山だ。千万重の山が露出したけれども、これが手を挙げると、あっという間に二つに分かれてしまった。「堕れたり」です。

「堕れたり」というのは、第八図ではないでしょうか。あるときは第九図、あるときはまたすっと、第八図に帰る。固定したものではないんですよね。そして、どういうときにどう変わっていくかということは、なかなか分かりませんね。決めつけられません。これを不説底の法というのではないでしょうか。まだ誰も説かなかった法というのは、十牛図の

八、九、十をいかに転換していくかということ。これは誰も語れない、ということだと思います。語らないのではなく、語りたくても語れないのだ、というのが、不説底の法ではないかと思います。

「平常心是道」と言いますね。単なる平常心でいいわけではないですね。当たり前の心ですが、成り切っているというのか、空を通った平常心、これが「平常心是道」ですね。仏法というからには、八、九、十でなくてはならんというところがあると思います。一から十まであり、七には修行が終わったという若者が描かれていますが、どうしても、禅はその若者に消えてもらうことを要求します。どうしてかといえば、「おれはすばらしい」というのが一番問題ですね。「修行を終えたんだ!」っていうのは臭いですね。

それが第八図。何もない、ということの証が、第九図ですね。川が自分であり、山が自分である、という世界があって、さらに人に戻ってきた時に、布袋さんと若者との二人になり、改めて登場するわけですね。二人の間が大事だと言われていますね。人間の「間」、というのが大切だと。

そういうことを繰り返しているうちに、その世界から第一図を見ますと、それだけでいいんですね。なんともすばらしい、となるんです。素晴らしく見える。これが「平常心是道」ということだと思います。一図では何もわけがわからなくて、しかし道を求めてさまよう。本人は苦痛そのものですが、何とも素晴らしく映るわけです。

本当にいろんな見方が出るでしょうけれども、八、九、十図が、一図から全ての図を生かしていくんだと思います。そういう眼が開けてくるんだと思います。その根本となるのが「白露」。自分を無にするとき、そこに不思議が起きるということでしょう。

陳操はただ一隻眼を具す——第三三則「陳尚書看資福」

【垂示】垂示《すいじ》に云く、東西辨せず、南北分たずして、朝より暮に至り、暮より朝に至る。還《はた》伊瞌睡《かれいねむり》すと道《い》わんや。有る時は眼《まなこ》流星に似たり。還《はた》伊惺惺《かれさめたり》と道《い》わんや。有る時は南を呼んで北と作《な》す、且道《さて》、是れ有心か是れ無心か、是れ道人か是れ常人か。若し箇裏《ここ》に向《お》いて透得し、始めて落処《かんどころ》を知らば、方《まさ》に古人の恁麽《さよう》なると恁麽《さよう》ならざるとを知らん。且道《さて》、是れ什麽《いか》なる時節ぞ。試みに挙《こ》し看ん。

【本則】挙《こ》す。陳操《ちんそう》尚書、資福《しふく》に看《まみ》ゆ。福、来たるを見て、便ち一円相を画《えが》く。操云く、「弟子、恁麽《かよう》に来たるすら、早是《すで》に便《たより》を著《え》ざるに、何ぞ況《いわ》んや更に一円相を画くとは」。福、便ち方丈の門を掩却《とざ》す。雪竇云く、「陳操は只だ一隻眼《いっせきげん》を具す」と。

【頌】団団として珠は遶り玉は珊珊たり、馬載驢駝《ばさいろだ》、鉄船に上《のぼ》す。分付《てわた》す、海山無事の客。鼇《ごう》を釣るに時に下す一圏攣《けんれん》。雪竇復た云く、「天下の衲僧、跳《ぬ》け出せず」。

理致と機関と向上と

垂示は長いですね。いくつかに切れると思います。「東西辨せず、南北分たずして、朝より暮に至り、暮より朝に至る。還《は》た伊瞌睡《かれいねむり》すと道《い》わんや」。これがひとつのまとまりだと思います。

これは、まさにこの道場の雲水がやらせられています。入門しますと、分かろうが分かるまいが、公案として無字を渡されます。無の字に参ずるんですね。「狗子にも仏性有りや、也た無しや。州云く、無」という公案を渡されまして、無の一字を参究するんです。その仕方がまさに、ここで挙げられたようなやり方でやらされます。「東西辨ぜず、南北分たずして、朝より暮に至り、暮より朝に至る」。ばかになって、朝から晩まで、晩から朝まで。普通は東西南北くらいわかりますね。しかし、参究するうちにわからなくなってしまう。ばかになって、という意味です。朝から晩まで、晩から朝まで、眠るのも忘れて。例えば、熱中しますと、肝心の目が覚めていなくてはならない時に眠ってしまうんですね。「大事な時に雲水さん寝てるじゃないか」、なんていうこともあります。でも、寺へ来るほどの方は、それくらい大変なことをやっているんだ、とわかってくださっています。

「東西辨ぜず、南北分たずして、朝より暮に至り、暮より朝に至る。還《は》た伊瞌睡《かれいねむり》すと道《い》わんや」。これがひとつのパターンなんですが、逆に「有る時は眼《まなこ》流星に似たり」。南北東西の端から端まで、宇宙の果てまでも見通しているような働きを、同じ人がする。そうすると、「還《は》た伊瞌睡《かれいねむり》すと道《い》わんや」。居眠りばかりしているかと思ったら、今日は違うぞ。「還《は》た伊惺惺《かれさめたり》と道《い》わんや」。彼は悟ったのかな。

ここが、公案の二つの大事な部分になります。居眠りしているところが、公案の分類で言うと、「理致《りち》」。もう一つのところを「機関《きかん》」と言います。

理致は、白隠さん以来「法身」と言っています。いわゆる、肉身に対しての法身。坐禅を通して、氣が宇宙いっぱいになる、というところを法身と言います。この広々とした世界を味わいますと、いわば、ばかか利口かわからない感じになってしまう。

そこで、もう一つはっきりさせようと、機関の公案をぶつけていきます。機関は現実です。食事をしなければ私たちは命を保てない、現実の現し身。そこに法身をぶつけるんです。二つを一つに錬り上げていくという機関を設けます。

もう一つあります。これを昔は向上《こうじょう》と言いました。何の上に向かっているのか。これは、仏さんの上と思ってください。仏の上を目指して進んでいく。これが次のところです。

はじめは理致を目指します。理致に出たら、現実のわが身に引き寄せて、錬り上げる。理致と機関を一つにするんです。廓然無聖《かくねんむしょう》という大きな世界をわが身という小宇宙に引っ張り込むわけです。

それがうまくいくようになったら、向上です。仏様以上の世界へ向かって、さらに錬り上げていく。それはどんな世界かというと、「有る時は南を呼んで北と作《な》す」というような世界です。自由自在ということです。私たちの現実の場は、東は東、西は西。しかし、仏様の上というのは、南を北と呼んでも構わないような自由自在の世界です。

「且道《さて》、是れ有心か是れ無心か」。南を北と呼ぶような世界は、有心なのか無心なのか。「是れ道人か是れ常人か」。道の人なのか、普通の人なのか。有心とか無心、道人とか常人を超えた世界を向上というんです。そういう世界へいざなっていくわけです。

「若し箇裏《ここ》に向《お》いて」。箇裏は向上です。「透得し、始めて落処《かんどころ》を知らば」。落処とありますね。遠山の金さんが、悪人にうんともすんとも言わせず、刺青を見せて、これにて一件落着、と言いますね。この一件落着、が落処です。「方《まさ》に古人の恁麼《さよう》なると恁麼《さよう》ならざるとを知らん」。恁麼、不恁麼がいっぺんにわかってしまう。二つのどちらかではない、有心無心両方がわかってしまう、二つともに背かない世界。それが向上の世界です。

「且道《さて》、是れ什麼《いか》なる時節ぞ」。さて、その時というのは、いったいどんな時なのか。一件落着できる時というのは、どんな時か。別の言い方をすると、正当恁麼時《しょうとういんもじ》とはどんな時なのか。「試みに挙《こ》し看ん」。試しに一つ挙げてみせましょう。

「資福、一円相を画く」

それでは本則に入りましょう。

「挙《こ》す。陳操《ちんそう》尚書」。三人の人物が登場します。一人が陳操《ちんそう》尚書。もう一人が、陳操が訪ねていく資福という和尚さん。それから、時代を超えて雪竇禅師が特別出演。この三人が言い合います。

陳操《ちんそう》尚書は、尚書ですから役人さん。唐末の大居士です。「資福《しふく》に看《まみ》ゆ」。陳操は、資福という和尚さんにはるばる会いに行きます。

資福は、夢の中で夢を説く、と言われた方です。小釈迦とも言われた、潙仰宗の仰山の孫弟子にあたります。仰山和尚ですから、円相が大得意。「福、来たるを見て」。この資福和尚は陳操がやってきたのを見て、――垂示に「眼《まなこ》流星に似たり」というのがありましたね。そんな目を持っていたんでしょう。ちらっと見ただけで何かを掴んだ。「便ち一円相を画《えが》く」。得意の一円相をぐるっと描いた。

著語を見てみましょう。「是れ精、精を識り、是れ賊、賊を識る」。精は、無門関第一則にも出てきますね。いわゆる化け物。賊は人間世界では悪者。人間じゃないという意味合いですね。二人とも人間じゃない、と圜悟和尚は言っているんです。化け物同士は分かり合えるんだ、と言っていますね。

しかし、賊というのは、禅ではいい意味で使った時、素晴らしい言葉になって生きてきます。精もそうです。第三〇則の「大蘿蔔頭」もそうですね。とんでもないもの、意味は同じです。人間の尺度では測れないお方。口ではけなしていますが、心では持ち上げているのでしょう。

「若し蘊藉《うんしゃ》ならずんば」。蘊藉は計り知れない度量を持ったお方。そうでなければ、「争《いかで》か這《こ》の漢を識らん」。このお二人の境涯は読めないぞ。「還た金剛圏を見るや」。金剛圏は、煮ても焼いても食えない。歯が立たない。このお二人の煮ても焼いても食えないところがわかるかな。そう著語しています。

「操云く、『弟子』」、弟子は謙遜の言葉でしょう。資福の名声を聞いていたんでしょうね。それで、初対面でも弟子として挨拶をしています。

「『恁麽《かよう》に来たるすら』」。このようにやってきたことすら、「『早是《すで》に便《たより》を著《え》ざるに』」。ここをどう読むかが問題です。

普通は便りを得るということは、ご挨拶を申し上げる、ということです。初対面ですから、「私は遠方から、かくかくしかじかで参りました。ご教示のほどよろしくお願いします」と挨拶するのが、弟子と名乗っている以上は建前です。

しかし、それもしていないのに「『何ぞ況《いわ》んや更に一円相を画くとは』」。一円相をぐるっとお書きくださいました。これはどういうことなんでしょうか。

それに対して資福はどう答えたか。「福、便ち方丈の門を掩却《とざ》す」。ぴしゃりと門を閉じて、中へ入ってしまった。門外に陳操は置き去りにされました。

唐末は臨済も生きた時代ですね。禅は唐末が一番盛んでした。五家という五つの宗派ができあがったのもこの頃です。この頃の大居士であれば、大人物でしょう。その陳操を放り出したまま、和尚は引っ込んでしまった。ある意味、はるばる訪ねてきた大居士を寒風にさらしたまま、寺に引っ込んだ。

「陳操は只だ一隻眼」

その出来事を「雪竇云く、『陳操は只だ一隻眼《いっせきげん》を具す』」。陳操は片目だけしか持っていない、と言っています。どうしてそんなことになるのでしょうか。

著語をみましょう。「今日箇《こ》の瞌睡《いねむり》せる漢に憧著《でくわ》す」。これは陳操を言ったんでしょうね。居眠り男、とぼけた、という意味でしょう。本心をあからさまに見せていない。「牡丹花《ぼたんか》下《か》の睡猫児《すいみょうじ》」という言葉があります。牡丹の花の下に猫が眠っているのどかな風景。でも、これは本当に眠っているのではなくて、獲物を狙っているんだ、という意味でも使います。

ここも、とぼけたふりをしておいて、何かあれば噛み付いてやろう、という意味ですね。「這《こ》の老賊」ともう一度押さえています。油断のならない老賊だぞ、と陳操のことを言っています。ここまでが著語です。

資福は先刻承知なんでしょうね。「福、便ち方丈の門を掩却《とざ》す」。門をぴしゃりと閉じてしまった。

著語では、今度は資福のことを言います。「賊は貧児の家を打《おそ》わず」。盗賊というのは、財物をたくさん持っている家を襲うんだ。あんたみたいに一円相しか持っていない男をどうして襲おうか。円相は中が空っぽですからね。どうして門を閉める必要があるか、と言っています。賊は居士です。

「已《すで》に它《かれ》の圏繢《わな》に入り了れり」。它は資福和尚のことでしょう。もう十分だ、資福は門の中に入ってしまうまでに、必要なことは全てやってしまっているんだ。仕事は終わったということで、中に入った。そして大居士に向かって、罠は仕掛けられたぞ、と著語をつけています。

「雪竇云く、『陳操は只だ一隻眼《いっせきげん》を具す』」。陳操は片目だけだ。

以下、著語です。「雪竇頂門に眼を具す」。陳操は片目だけだが、雪竇さん、あんたはさすがに違うな。悟りの一隻眼を両目の上に持っているな。

「且《さ》道《て》」、それはそうとして、「他《かれ》の意什麼処《いずこ》にか在る」。罠をかけ終わったという他《かれ》、つまり資福和尚の真意はどこにあるのか。

「也《ま》た好《よ》し一円相を与《あた》うるに」。もう一度、一円相を出して見せてもらおうか。

「灼然《あきらか》に龍頭蛇尾」。陳操ははじめは良かったけれども、後はまるっきりだめだ。最初は龍頭と言ってもいい。しかし、結果は門を閉められ、家の中に入り込まれてしまった。その時に何もできなかったのは、蛇尾と言わずに何と言おうか、ということでしょうか。

機関の公案で錬りに錬り上げていれば、無傷でどうして帰らせようか。無傷のまま逃げられたのは蛇尾だ、というのです。

「当時好《そのとき》し一摑《ひとつき》を与えて伊《かれ》をして進むにも亦た門無く、退くにも亦た路無からしめんには」。ここの伊はどちらを言っているでしょうか。居士か和尚か。

「進むにも亦た門無く、退くにも亦た路無からしめんには」。これは前の三二則で、呆然と佇んでいた定上座と同じですね。これが機関の働きです。臨済が定上座の全てを奪ってしまった。そしてそれによって、息を吹き返した時には、定上座は大悟していました。

ですから、ここではどちらの意味にも取れるのですが、一応、陳操としてみますと、「そこまでやってほしかった。あんたは不親切だ」と資福に言っているんですね。本当に親切だったら、臨済が定上座にやったのと同じくらいやってくれてもいいんじゃないか、と言っているんだと思います。

「且道《さて》、更に他《かれ》に什麽《いか》なる一摑を与えん」。他《かれ》は間違いなく、居士だということになります。資福が一摑を与えなかったから、資福に代わって、大居士にどのような一摑を与えたらいいか。

そのお手本として、雪竇さんが頌を詠っているから、それをこの後は見てくれ、というかたちで頌に導いています。

頌に入ります。

「団団として珠は遶り玉は珊珊たり」。珠は真珠だと言われています。玉は一円相をうたっております。円相ですから、筆で描くと丸々とした幅が出ます。そこに綺麗な真珠が無数に飾られている。円相の中には何もない。その何もないところに、玉がザクザクと詰め込まれている。風が少しでも吹けば動いて、サクサクと美しい音曲を響かせている。一円相は何もないということではないんだぞ、ということですね。

ここが一隻眼と言われたところでしょうね。大居士は、何もないものとして受け取った。これも間違いではないんですが、そこにまた行き届かないところもあった、ということではないでしょうか。

ここに著語して、「三尺の杖子《つえ》もて黄河を攪《か》くは」。三尺の杖子というのは、普通の大きさの杖ですね。普通の杖で、あの大黄河を掻き回す。それはできないことです。

「須是《すべか》らく、碧眼の胡僧にして始めて得《よ》し」。碧眼の胡僧、達磨さんにして初めてできることだ。

なぜ達磨が出てきたかといえば、真珠や玉が出てきたからでしょう。達磨さんが王子だった子どもの時の話があります。般若多羅尊者が国王に頼まれてお話をするわけです。そのご法話が素晴らしかったので、国王が国一番の宝石をお礼として差し上げる。すると尊者は宝石を手にして、三人の王子に尋ねるんですね。あなた方はこれをどうお思いですか、と。

王子の一人目、二人目は同じ意見です。これはこの国で最高の値打ちものです。あなたはそれを持つのにふさわしいお方です。どうぞ大事にお持ちください。ところが三人目の王子、後の達磨さんだけは違います。それは、世間の宝に過ぎません。本当の宝はそんなところにない。私たち一人一人の心にある、というんです。

「生鉄鋳就《さんてついな》す」。生鉄は掘り出したばかりの生《き》の鉄。それを何度も溶鉱炉に入れて、しっかりした鉄にします。焼きを入れるのです。幼い頃から素晴らしい心を持っていた達磨さんが、九十何歳まで鍛えに鍛えられて中国へやってきたわけですから、三尺の杖で黄河をかき混ぜることができるのは、達磨さんお一人だと言って、大いに持ち上げているわけです。ここまでが著語です。

「馬載驢駞《ばさいろだ》」、馬に載せ、驢に積む。これは、何もないはずの一円相ですが、見る人が見れば、そこには真珠も玉もいっぱいに詰め込まれている。その真珠と玉の全てを馬に載せ、驢馬に背負わせて、「鉄船に上《のぼ》す」。大河にとどまっている鉄の船に乗せると。

それはどんなことか。圜悟さんが著語で野次っていますね。「許多《おおく》を用《もっ》て、什麽《なに》か作《せ》ん」。こんなにたくさんの宝石類を積んで、いったい何をしようとしているのか。「什麽《なん》の限りか有らん」。いや、多くはない。もっともっとあるぞ。真珠や玉は、世の中にもっともっとある。もっと積め、というんですね。

「且《まず》は闍黎《そなた》の与《ため》に看せしめん」。闍黎というのは、雪竇でしょう。まずは雪竇さん、あなたに見せたいなあ、と著語しています。

「分付《てわた》す、海山無事の客」、山というのは、海のかなたにある仙人の住む山だそうです。無事の客は、「いろは歌」を思ってください。「有為の奥山」を超えた人です。有為の奥山を超え、無為の世界に足を突っ込んだ人です。

そこにまた、圜悟禅師が著語を入れています。「人の要《ほっ》せざる有り」。そんなもの、欲しくない人もいる。押し売りをするな。

「若是《もし》無事の客ならば也《ま》た消得《もち》いず」。もし本当に無事の客ならば、そんなものはもらっても使わないよ。

ところが最後はその逆なんですね。「須是《すべか》らく無事にして始めて得《よ》し」。いやいや、無為の人であって、初めて使うことができるんだ、と。そう著語しています。

「黿《ごう》を釣るに時に下す一圏攣《けんれん》」。大亀を釣るのに下す一本の大きな大きな釣り糸。鉄船を沖に縛りつけるような、碇のような釣り針が必要なんだ。これが一円相であり、真珠であり玉なんでしょうね。

そこへ圜悟さんが著語を入れます。「恁麼《さよう》にし来たり、恁麼《さよう》にし去る」。そうだそうだ、禅を伝えるということは、そうやって伝えてきたんだ、と言っています。

「一時に出不得《でられず》」。一時に全てが成仏できればいいんですが、簡単ではありませんね。悟った人から見れば、みんな仏さんです。一人の悟った人からすれば、自分一人が悟ったのではない。みんなが仏なんだというのですから、それはいっぺんに仏になるのですが、悟りを開く人というのは、いっぺんに全員目が開くわけではないですね。「他はこれ吾に非ず」です。

「若是《もし》蝦蟆《かわず》ならば堪《よ》く什麼《なに》をか作《な》さん」。釣り上げたのが蛙だったら、どうしようもないぞ。せっかく真珠を餌にして釣り針を垂れたのに、かかったのが蛙だったら、みんなはそれを仏と見てくれるかな。

「蝦蜆螺蚌《かけんらぼう》、怎生奈何《いかん》せん」。つり上がったのがエビだったらどうだろうか。シジミだったら、黒貝ならどうだろうか。黿、大亀というほどの大人物を釣るのは大変なことだ。

「須是らく黿を釣って始めて得《よ》し」。大亀を釣って初めて報われるんだ。そう著語を付けています。

「雪竇復《ま》た云く、『天下の衲僧、跳《ぬ》け出せず』」。衲僧は破れ衣の僧ですから、禅宗の坊さんを言います。禅宗の坊さんは、この世界から抜け出せない、と言っています。これは意味の深い言葉だと思います。

刑事ドラマをテレビでやっていますね。よく描かれるのは、ご主人が刑事で、ほとんど家に帰れない、という設定。刑事という職に就いたばかりに、家にもろくに戻れない。帰ってもすぐに連絡が入れば飛び出していかねばならない。そういう業を背負って生きるわけです。なかなかこれは大変なことですね。ですから奥さんや子どもたちに恨まれる。それでもなお、それを改めない。そのうちに奥さんが亡くなったり、子どもがだめになったりする悲劇が描かれますが……。

「天下の衲僧」たるもの、――刑事さんはともかく、天下の衲僧であれば、覚悟しておけよ、ということでしょう。抜け出そうとなんかするな、抜け出すことなんかできないぞ、ということでしょう。

これは法を伝えることを言っているんだと思います。法を真珠としているんです。そして、それを伝えるには、白隠さんも言っているように「乳房が細くては良い子は育たぬ」。宝財はたくさん持っている方がいいんだ、というんです。それを手渡すわけですが、これまた大変だというんです。「なかなか安直にできるものではない」。しかし、「後継をつくらない限り、地獄行きだ」、とも言われています。

衲僧たるもの、そういう一つの業から抜け出せないぞ、抜け出せなくていいんだ、というんですね。

なぜ居眠りをしているのか

法を伝えるためには、大居士さんは残念ながら、この場ではまずかったと思うんです。それで片目だけだと言われているんだと思います。

どこがだめだったかというと、「瞌睡《いねむり》」でしょう。褒めてもいるんですが、本当は居眠りしている暇なんかないはずなんです。法を尋ねて行っているんだから、醒めていなくてはいけませんね。

資福は何かを思って一円相を描いているんですから、もっと真剣に問わなくてはならないのに、自分の力を出し切っていない。全体作用でぶつかっているわけではない。

すると、本当の一円相が見えないんです。円相の中の真珠が見えないんです。それも一つ二つではない。目一杯詰まっているのがわからない。それがわからなければ、法は伝わりません。そういうことですね。

前の三二則でも触れたことですが、それに比べて、やはり臨済という方は凄いですね。黄檗に叩かれて、何もわからなかった、と言っていますが、ある意味での充実は感じていたはずです。それを見て、睦州が黄檗禅師のところに参禅してこい、というんです。

睦州は陳操のお師匠さんでもあります。臨済は言われた通りに行く、そしてめちゃくちゃに叩かれる。臨済はどうして叩かれたかわからない。そしてすごすご帰ってきます。睦州に状況報告をして「分かりません」という。するとまた行ってこいと言われ、何度も同じ目に遭う。

そして帰ってきて睦州に「ここには縁がなかったと思います。別のところで修行しなおしてきます」という。すると、睦州は「黄檗禅師に挨拶だけはしていけよ」といって、その一方で先回りをして言うんです。「先ほどよこしました若い者は、なかなか見どころのある男です。どうか、挨拶にまいりますから、何かお言葉を与えてください」。臨済が挨拶に来ますと、黄檗は「そうか、それなら大愚のところへ行け」と、自分の修行仲間のところへやらせるんです。

本当に臨済は、自分がどうして打たれたか、分からなかったんだと思います。どこに自分の落ち度があったのか。落ち度があったから打たれたと思い込んでいる。何日かかったかわかりませんが、ずっとそのことだけ考えて大愚の元に到着する。大愚にかくかくしかじかできました、と話す。

大愚は、黄檗はどのように指導しているのかと問うので、臨済はめちゃくちゃに打たれた、という話をする。自分には何の落ち度があったのか全くわからない、と言いますと、大愚は「何と黄檗は老婆であるか」と感嘆するんです。老婆というのは、孫を猫可愛がりする、という意味合いで使います。

臨済はずっと自分の落ち度だと思ってきましたが、そうではなかった、黄檗の親切だったんだ。その言葉が飛び込んできた時に、一変してしまうんです。そして「そうだったのか」と一枚になる。

すると今度は、大愚が臨済の胸ぐらをひっつかむんです。「さっきは泣きべそかいてたのに、今度はなんだ!」とやる。そう言われても、臨済の確信はぶれなかった。そんな人間に変わっていたんですね。

参禅して叩かれても、先輩から言われればまた行って同じ目に遭う。とうとう音を上げて出て行く時にも、挨拶をしろと言われれば、挨拶をしにいく。非常に素直なんですね。聞く耳を持っている。そして大愚に問われて、悟りを開いて帰って来る。

そういう苦労をしていると、同じ悟りでも違うと思います。深い悟りでしょう。悟りの深い、浅いは非常に大事です。きりがないんです。もうこれでいい、ということはないんですね。ほかのことなら、これくらいでいいや、というのがあるでしょうけれども、悟りに関して、それはないです。悟れば悟るほど、もっともっと先があるはずだ、となっていくと思います。

そうして苦労して悟りますと、悟りも深い悟りになっていくのだと思います。頭で悟ると浅い悟りになります。浅般若ですね。体全体で、しかも体を傷めてまでやるのですね。

雲門禅師は睦州に悟らせてもらいますが、足を片方折られてしまいました。そして、足を引きずるようになってしまった。その代わりに雲門天子と言われるほどの、誰も文句が言えないような素晴らしい禅僧になりました。それくらいのことなんです。

それなのに、なぜ、陳操は居眠りをしているのか、ということです。自分を出し切っていない。傷つくのを恐れて、自分を出さない。徐々に出していこうとする。その根性と、臨済の根性はいかに違うか。そういうことだと思います。

仰山の慈悲——第三四則「仰山問甚処来」

【本則】挙《こ》す。仰山《きょうざん》、僧に問う、「近ごろ甚処《いずこ》を離れしや」。僧云く、「盧山《ろざん》」。山云く、「曾て五老峰に遊ぶや」。僧云く、「曾て到らず」。山云く、「闍黎《そなた》は、曾て遊山せず」。雲門云く、「此の語、皆な慈悲の為の故に、落草の談あり」。

【頌】出草し入草するを、誰か解《よ》く尋討する。白雲重重、紅日杲杲《こうこう》。左顧するに暇《いとま》無く、右盻《うけい》すれば已《すで》に老ゆ。君見ずや寒山子《かんざんし》の、行くこと太《はなは》だ早きを。十年帰り得《え》ず、来時の道を忘却せり。

「落草の談あり」

この中で字眼を取り出すとすると、何でしょう。ここでは何が大事でしょう。「慈悲」でしょうね。

「挙《こ》す。仰山《きょうざん》、僧に問う、『近ごろ甚処《いずこ》を離れしや』」。仰山和尚のところへやってきた僧に、仰山和尚が「どこから来たか」と問います。諸国行脚の僧でしょうから、前はどこにいたか、ということです。

すると「僧云く、『廬山《ろざん》』」。廬山から来ました。廬山というのは宗教的な霊地だそうです。すごいところからやってきたわけです。

「山云く、『曾て五老峰に遊ぶや』」。五老峰というのは、廬山の中でも一番の名勝地です。陶淵明の故郷だそうです。廬山から来たんだから、当然、五老峰は登っているだろうな、と問うています。

それに対して「僧云く、『曾て到らず』」。行っておりません。これはいろいろに取れますね。そんなところに関心はありませんというふうにも取れます。

仰山はここで一棒を食らわせてもおかしくはありませんが、そうしません。「山云く、

『闍黎《そなた》は、曾て遊山せず』」。五老峰に登っていないなら、廬山から来たとは言わせんぞ、というわけです。

このやりとりについて雲門和尚が言葉を入れます。「雲門云く、『此の語、皆な慈悲の為の故に、落草の談あり』」。「此の語」は仰山の言葉でしょう。仰山が禅坊主らしからぬもたもたしたやりとりをしているのは、全て慈悲のゆえだ。

ですからここでは、慈悲がポイントですね。雲門は仰山と同郷なので、こうコメントしているんでしょう。

出草、入草のところ

頌にいきます。

「出草し入草するを、誰か解《よ》く尋討する」。草を出る、草に入る。草を出るというのは、菩提を求めて煩悩を出るということ。これに対して、草に入るというのは、下化衆生と言えるでしょう。雲門をして「落草の談」だと言わしめた仰山の言葉は、「出草」としたらいいか、「入草」としたらいいか、どうだ、ということでしょうか。

「誰か解《よ》く尋討する」は、さすがに雲門は見事に勘所を捉えたが、雲門と一緒に、誰がいったい仰山の真意を汲み取れようか、ということだと思います。「白雲重重」、白雲が幾重にも重なって、――つまり、仰山の境涯はなかなか見えんぞ、と言っているんです。白雲の遥か彼方に仰山の境涯はある、というのでしょうか。「紅日杲杲《こうこう》」。ではどうしたら雲門のように、その境涯を見抜けるか、それは五老峰に登ることだ。登れば、連なる白雲を超えて、頭を出せるぞ。そこには真っ赤な太陽が煌々と照っているぞ。

ここまでは大自然ですね。次は人間世界を言います。「左顧するに暇《いとま》無く、右眄《うけい》すれば」、左の方に顔を向け、すぐに右に顔を向けると、「已《すで》に老ゆ」。自分はこんなに老いている。

これはなにをいっているでしょうか。左を向くと、そこは平等の世界。空の世界に出会ってホッと一息ついて右を向くと、そこは妙有の世界。熟しているんです。

そして最後が問題ですね。「君見ずや寒山子《かんざんし》の、行くこと太《はなは》だ早きを。十年帰り得《え》ず、来時の道を忘却せり」。これはどう見たらいいでしょうか。

少し戻ってみますと、「出草し入草するを」の「出草」は、空の世界。草は何でしょうか。色です。形ある世界。色を出るのですから、「色即是空」で、空の世界に至った状態。

「入草」はその逆で、「空即是色」。色に帰ったところ。

仰山の言葉は、出草なのか入草なのか。これを見事に現じているというのが、雲門のコメントです。仰山はしっかりとそこをつかんでいる。しかし、いったい誰が、仰山のようにできる者がおるか、それはなかなか難しいぞ。

なぜならば「白雲重重」として一切を閉ざしている。五老峰は白雲の彼方に坐している。仰山の境涯も白雲の彼方に坐している。だから、仰山と同じところに至るには、そこへ登らなくてはならない。「紅日杲杲《こうこう》」。登ればそこは雲の上だから、あらゆるものを照らしている。

「左顧するに暇《いとま》無く、右盻《うけい》すれば已《すで》に老ゆ」。これは人間に当てはめています。自然に対し、人間はどうかというと、左を向いてようやく空の世界を知ったと思い、右に顔を向けるともう、あっという間に老人になってしまった、ということではないでしょうか。

臨済に四料簡というのがありますね。第一は「奪人不奪境」。人を奪って、境を奪わず。まさにその世界を思っていただきたいと思います。

「国破れて山河在り、城春にして草木深し」。「在り」の「在」は、前と変わらずにある、というときに使うそうです。すると、国が破れる。国を構成している人々も滅びる。しかし山河は以前と変わらずそこにある、ということですね。

「城春にして草木深し」。自然界には春が巡ってきて、草木は生い茂っているということですね。しかしそこにはもう、強大だった秦の国はないし、秦を亡ぼした漢の国の人々もいない。それが奪人不奪境というところです。

これを言っているのが、寒山子でしょうね。「君見ずや寒山子《かんざんし》」。君は寒山子を見なかったか。「行くこと太《はなは》だ早きを」。さあっといなくなってしまった。

寒山拾得です。拾得は、豊干和尚がどこかで、いわば拾ってきた人で、掃除や炊事をしてもらっていたそうです。いつの間にか、寒山という者が拾得を尋ねてくるようになった。二人で大いに口角泡を飛ばして話し合っていることは、豊干和尚が聞いてもなかなか調べの高いことである。

そんなことが噂になって、閭丘胤という町のお偉いさんがやってきて、会わせてくれと言ってきた。そこで二人のところへ案内すると、姿を見ただけで寒山拾得は、ぱあっと逃げ出した。「十年たっても帰ってきていない、来たときの道を忘れてしまったに違いない」。と、こういう感じです。

ここの字眼はなんでしょうか。「行くこと太《はなは》だ早きを」です。ここで人間と自然が一つになる世界が拓けるのではないでしょうか。これは人間の行動が早いというのではなく、時間を超えた速さなんだと思います。無心の働きです。

無心の世界からすれば、十年というのは長いのか短いのか。世間的に言えば、慌てふためいて山中に逃げ込んだので、帰り道がわからなくなったと受け止められるが、それは人間根性の話。果たして寒山拾得はそうなんだろうか、という意味を含ませているでしょう。

無縁の大慈悲

この三四則は、出草、入草どちらかではなくて、慈悲が大事だという則だと思います。出草でも入草でもない。出草と入草のへりきれがとれて、慈悲となってわいてくる。そこのところを、さすがに雲門はよく見ている、というのが、雪竇の頌の前半でしょうね。

後半は、大自然の世界と人間世界との違いを持ち出しています。自然界から見れば、人間世界などは粟つぶのようなものでしょう。しかしだからこそ、慈悲というものが意味を持ってくる。慈悲が働くところに、自然界に劣らない何かがあるのかもしれません。しかし、たとえその慈悲を感得できても、人間の命は短い。大自然の悠久さと比べたらわずかだ。そこを自覚してほしい、ということなんでしょうね。

「行くこと太《はなは》だ早きを」というところに、大自然の運行を見ているのだと思います。寒山拾得は悠久の自然と一体になって動いているわけです。その上でもう一つ、念を押しているのだと思います。それが著語です。

「十年帰り得《え》ず」の後に、「即今什麽処《いまいずこ》にか在る」と著語があります。寒山拾得は今どこにいるか。「灼然たり」、はっきりしている、というんですね。大宇宙の運行そのものとなっている。大自然の一つとなって輝いているぞ。

「来時の道を忘却せり」。人間としての道を忘れてしまった。そのあとの著語に、「渠儂《かれ》は自由を得たり」、彼は本当の自由を得たんだ。「一著を放過《ゆる》す」。まあ、自由を得たということは認めよう。だけど、と圜悟さんは語を継いでいます。「便ち打つ」。叩いて、「這《こ》の忘前失後と做《な》ること莫《な》くんば好《よ》し」。このままでいいと思うなよ、と言うんです。

寒山拾得を叩いています。自由は認めるが、ビシリと一棒食らわせて、自分だけが自由になって、それでいいと思うなよ、というわけです。娑婆世界へ帰ってこい、と言っているんでしょう。「空即是色」ですね。

ですから、大乗仏教の極意は何か。「菩提即煩悩」、菩提にとどまっていてはいかん、というんですね。菩提という求めるものを得たら、世間へ帰れ。「這《こ》の忘前失後と做《な》ること莫《な》くんば好《よ》し」は、そんなところにおってはいかんぞ、自由を得たら、それを娑婆世界で使ってくれ、というのです。これは圜悟さんの著語です。

「落草《らくそう》の談」というのは、煩悩まみれになっている、という意味でしょう。二人の人がいると、そこに問答のやり取りがありますね。それが禅問答になるには、単なる対話ではない何かがあって初めて、禅問答になると思います。対話を禅問答に変えるものはなにか。変えるものがないものを「落草の談」と言うんです。だから、この仰山と僧とのやり取りは、禅問答でないように見えて、そうじゃない、と雲門は言います。なぜかといえば、仰山には慈悲があるから。同郷の人ですから、自分（雲門）には、彼の慈悲が見える。慈悲がありあまっているから、こんなばかばかしい談義をするんだ、と。

これが雲門の見方です。慈悲がなければ、世間話と何の変わりもない。回りくどくて鼻持ちならない問答だけれど、ここに果たして、仰山の慈悲が見てとれるかな、というところでしょう。

雲門と同じく、仰山の慈悲を見てとれるものが、いったいどれくらいいるかな、というのが雪竇さんの言葉です。

「世間話ではなく、禅問答だ」と言わしめるものは何でしょうか。

般若の智慧が働いているかどうか、でしょう。正受老人の考えでは、五位の目的は般若だと言っています。般若の智慧が働いて初めて、禅問答となる。なければ、ただ、いい話だった、となるわけです。

そうしますと、ここに般若の智慧との接点が出てきますね。般若の智慧とは、一義的には空観です。それが文殊の知恵、根本智です。それは普賢にも観音にも働いていますが、根本は文殊です。

もう一つ、無住の元になるのは何でしょうか。無住は一貫して、禅の歴史を作ってきた見方です。どこにも腰を据えない。だから空まで行っても、すぐに「空即是色」と、色に戻らされる。なぜでしょうか。それは、慈悲があるからではないでしょうか。「一点無縁の大慈悲」。どこから出るのか分からない。分からないから無縁なんです。分からないのに生まれる大慈悲、だと思いますね。

空と文殊菩薩――第三五則「文殊前三三」

【垂示】垂示《すいじ》に云く、龍蛇を定め、玉石を分ち、緇素《くろしろ》を別ち、猶豫《ゆうよ》を決するに、若し是れ頂門上に眼あり、肘臂《ちゅうひ》下に符《ふ》あるにあらずんば、往往に当頭に蹉過《すれちが》わん。只だ如今《いま》見聞不昧《けんもんふまい》、声色純真《しょうしき》ならば、且道《さて》是れ皂《くろ》か是れ白か、是れ曲か是れ直か。這裏《ここ》に到って作麼生《いかに》か辨ぜん。

【本則】挙《こ》す。文殊《もんじゅ》、無著《むじゃく》に問う、「近ごろ什麼処《いずこ》を離れしや」。無著云く、「南方」。殊云く、「南方の仏法、如何《いか》にか住持する」。著云く、「末法の比丘、戒律を奉ずるもの少《まれ》なり」。殊云く、「多少《いくばく》の衆ぞ」。著云く、「或は三百、或は五百」。無著、文殊に問う、「此間《ここ》にては如何にか住持する」。殊云く、「凡聖同居、龍蛇混雑す」。著云く、「多少の衆ぞ」。殊云く、「前三三、後三三」。

【頌】千峰盤屈して色藍の如し、誰か謂《い》う文殊是《ここ》に対談すと。笑う堪《べ》し清涼多少の衆、前三三と後三三と。

三人の菩薩――文殊と普賢と観音

この則の登場人物は二人、文殊さんと無著和尚です。文殊さんは文殊菩薩とみていいでしょう。和尚の方は人です。文殊は菩薩の位にあります。人と菩薩の出会いです。これを分かりやすく見てもらうために、少し話をします。

「色即是空、空即是色」。般若心経で読んでいただいています。漢字が八つ。この八文字を一言で表すと、どんな言葉になるでしょうか。

一番大事な語は何か。即ですね。色がそのまま空である。本来の心経の言葉はくっついています。色と空が渾然一体となっています。教相では、色から空にいくことを見性といい、空から色に帰っていくところを成仏という言葉で表します。色は、教相の言葉で言えば有、形あるもの。これが空になります。

ですから、こう考えてみてはいかがでしょうか。全ては初めは、色、有なんだ。これに少しずつ空の力が入る、空になっていく。ある時は一気に至ることもあるでしょう。普通は綿密に修行をして、少しずつ空が開けてくる。空が開けてよかった、と安心するいとまもなく、心経は「空即是色」、色に帰れと言います。なぜかといえば、色に帰ることによって、成仏、仏となるのですから。

仏と言っても、菩薩と押さえておけばいいでしょう。菩薩で言いますと、空にいる菩薩はどなたでしょう。これがこの則の主人公の一人、文殊菩薩です。文殊菩薩は、空にいらっしゃる仏さんです。ですから、空の世界へ来い、と励ましてくれる存在です。禅堂では文殊菩薩をお祀りしています。

空から色に帰るのを案内してくれるのは普賢菩薩。著語には普賢菩薩が登場します。案内してくれるのですから、楽ですね。

色へ来ると、観音菩薩にバトンタッチします。こう思っていただくといいですね。観音様は三十二の姿に身を変えるといいます。観音の姿を入れて三十三身。身を変えて衆生を済度する。苦しむ衆生の声を聞けば、その音を感じて飛んでいける。この則には観音様は登場しませんが、垂示に観音様の働きをする方が出てきます。

文殊菩薩のいるところへ行く。それを「見性」と言いました。本性を見る、私たちの性を見る、衆生の本性を見るということです。私たちは衆生の性はわかっています。そこで、どうかありがたい本来の性を教えてほしい、と。それを「殺人刀《さつじんとう》」と言います。文殊さんは殺人刀をふるって、私たちを空へ案内してくれます。

一方、どのようなかたちで普賢さんは、妙有の世界へ案内してくれるか。それを「活人《かつにん》剣《けん》」と言います。では、活人剣とは何か。

空と文殊

因果の法則がありますね。原因と結果があり、因を果に至らせるのは縁だと言いますね。縁が起こって、原因から結果が生ずる。縁起という言葉もご存知ですね。縁起がいい、悪いという時の縁起です。

殺人刀とはどういうことかというと、縁起を使えば、「縁生《えんしょう》」、縁が生じます。色は形あるものでした。父母の因縁で私たちは生まれます。そこには縁起が働いています。父と母の出会い。縁によって生じています。それが色です。形あるもの。有として存在する。それをどう見るか。「無性」と見る。こういうことです。縁によって生まれているけれども、本来は無性なのだ、ということです。
「縁生無性」。縁によって生まれているけれども、坐禅をして、禅定三昧に入って定力がついた、そこで見てみると、無性だ。これといったものは何もない、ということ。本質というようなものは何一つない。これを伝統的な言葉で言うと、内外本来無一物。何もない、無性だという。縁によって今このようにあるだけで、見つめてみれば何もない、という世界です。

これを一言で言うと空。空の世界を味わってもらいたいがために、道場では無字の一字を課します。雲水にこの無字を与えて、工夫しろといいます。坐禅をしながら無、無と唸っていると、はたとこれが無だ、と気づく。それは同時に空でもあるわけです。心経でいう空、何もないという世界。そこにおられるのが文殊菩薩です。

それがこの則のどこに出ているかというと、頌です。
「千峰盤屈して色藍の如し」。どの山もどの峰も見渡す限りうねっている。真っ青だ。ここに圜悟禅師が著語を添えています。「還《は》た文殊を見るや」。これがすごいところです。そこに文殊さんはいるかな、拝めるかな、というんです。文殊はいません。拝めません。見られない。それでこそ文殊さんです。文殊さんが占める位置は空ですから、何もない。そこに坐っていたら空になりません。だから、姿を現してはいけないんです。

文殊がいなくてこそ、「千峰盤屈して色藍の如し」と詠われる景色が展開する。そこにあるのは山々のみです。ですが、言い方を変えれば、その全部が文殊だとも言えます。どうしてか。文殊という色は姿を消しています。だからこそ山々全てが文殊そのものに他ならない。それが「還《は》た文殊を見るや」という言葉で、圜悟さんがみなさんを導こうとしているところだと思います。

なお頌が続きます。「誰か謂《い》う文殊是《ここ》に対談すと」。いったい誰が、文殊がここにいて、無著和尚と対談したと言っているんだ。そんなことはない、という趣旨です。文殊は姿を消しているのだから、和尚と対談するはずはない。

そこに著語があります。「設使《たとい》普賢なりとも也《ま》た顧みず」。文殊さんは、たとえバトンタッチする存在の普賢菩薩が現れても、姿を見せんぞ。そう言っていますが、自分が面出ししない形でバトンタッチをしています。これが無になって、ということでしょう。自分を無にして、普賢菩薩に「あとは頼みますぞ」と、衆生を手渡している。そういうことを頭においで読んでいただけたらと思います。

真空妙用とは

本則へ行きます。

「無著云く、『南方』」。文殊の「どこから来たか」との問いに、無著は南方からまいりました、という。趙州和尚、臨済和尚は河北の地で布教しました。教育者としてのナンバーワンは雪峰だと言われていますが、雪峰禅師は南方に道場を持って活躍しました。その南方です。

著語を見ます。「這箇《しゃこ》」「大方《だいほう》」という言葉があります。這箇は肝心要の本性を煮詰めていって、ぐっと一握りできるようにしたところを言います。これに対して本性を伸ばして天地いっぱいにしてしまうのが大方。ですから、「大方に外なし」です。大方はどこまでも大きくなっていきますから、外があれば大方ではありません。

それを昔の人は一つの言葉にしています。「展《の》ぶる則《とき》んば法界に弥綸し」、これは大方。宇宙の果てまで展開していく。対して「収むる則んば糸髪も立せず」、これを這箇というわけです。ですからこれは一つのものなんですね。禅の大事は「展ぶる」、「収むる」という働きにあると主張するわけです。

すると、大事なのは何か。そうした意味では、空でも色でも即でもない。即だったら展開できませんからね。円相そのものが大事だということになります。色から空にいくダイナミックな働き、空から色へ行くダイナミックな働き。その働きを妙用と言います。これが大事です。

空のところをなんと言うか。それは「真空無相」です。それが逆転して色に帰ってきたところは「真空妙有」と言います。真空がくっつくんです。そこから観音様に登場いただき、衆生済度に励む、その働きを「真空妙用」と言います。文殊様の働きは真空無相、普賢様の働きは真空妙有、観音様の働きは真空妙用となるわけです。

しかしここで注意が必要です。菩薩様方はつくり出されたもので、実在はしていません。三人いますが、一人でもいいわけです。しかし、働きが違うから、三つに分けているのですね。

ここで垂示に戻ります。

「龍蛇を定《みきわ》め、玉石を分ち、緇素《くろしろ》を別ち、猶豫《ゆうよ》を決するに」。これは龍だろうか蛇だろうか、玉だろうか石だろうか。黒だろうか白だろうか。猶豫というのは疑い深い動物だそうです。キツネのように、なかなか決着をつけません。氷の上を歩く時も、用心をして歩いているそうですね。猶豫《ゆうよ》を決する、とはもたもたせずに決着する。

「若し是れ頂門上に眼あり」、これが両目の上にある縦の眼です。摩醯首羅天《まけいしゅらてん》という天人が持っている眼。これを自在天とも言います。縦眼を持つことで、そこから自由自在の働きが生まれると、昔の人は考えたんでしょうね。

「肘臂《ちゅうひ》下に符《ふ》あるにあらずんば」。脇の下に護符を持っている仙人であってはじめて、できることです。

「往往に当頭に蹉過《すれちが》わん」。実際、目の前に見ていながら、気づかずにすれ違ってしまうぞ。自由自在が効かない。空に出会っていながら、探していたものはこれだ、とつかむことができない。ぼうっとして取り逃がしてしまうこともあるぞ、と言っています。

「只だ如今《いま》見聞不昧《けんもんふまい》、声色《しょうしき》純真ならば」。本当に、ありのままに物が見えるというならば、自在天よ。「且道《さて》是れ皀《くろ》か是れ白か」。ここで文殊菩薩は、黒、白どちらと答えているんでしょうか。「是れ曲か是れ直か」。曲がりくねったことを言っているんですか、それともストレートに言っているんですか。

「這裏《ここ》に到って作麼生《いかに》か辨ぜん」。ここに自在天さん、どう判断されますかと、文殊菩薩の不思議な問答のイントロダクションとするわけです。

文殊と無著の問答

もう一度本則を見ます。

「挙《こ》す。文殊《もんじゅ》、無著《むじゃく》に問う、『近ごろ什麼処《いずこ》を離れしや』。無著云く、『南方』。すると文殊菩薩が重ねて聞きます。「殊云く、『南方の仏法、如何《いか》にか住持する』」。南方では仏法はどのようになっているかな。

そうしますと、無著和尚は「末法の比丘、戒律を奉ずるもの少《まれ》なり」。時は唐の時代を超えて、末法の世になっているかもしれません。ですから、かろうじて戒律が残っているだけで、仏法などございません。修行するものもおりません。ただわずかに、戒律を守っている人たちがいるだけです。

「殊云く、『多少《いくばく》の衆ぞ』」。文殊が聞きます、どれくらいですか。これに対して無著は言います。「或は三百、或は五百」。三百から五百人くらいでしょうか。

今度は逆に無著和尚が文殊様に問いかけます。「此間《ここ》にては如何にか住持する」。ここではいかがですか。お釈迦様、祖師がた伝来の仏法はどのように住持されておりますか。

これに文殊さんは「凡聖同居、龍蛇混雑す」と答えました。凡人もいればお上人もいる、龍みたいなのもいれば蛇みたいなのもいる。ごったになってやっている。そうしますと、意味がわかりませんから「多少の衆ぞ」、何人くらいですか、という。すると最後に「前三三、後三三」。

このすれ違いがどこにあるか。文殊さんと無著和尚はどこからこの問答をしているか。おわかりでしょうか。すれ違ってわけがわからない問答になっているのです。「前三三、後三三」というのは「展ぶる則んば法界に弥綸し」です。「収むる則んば糸髪も立せず」です。一人もいないと言っているのかもしれません。あるいは数え切れないくらいいる、と言っているのかもしれません。どのようにも取れます。それは結局ひとつ。文殊さんの答えはそこに働きがあるわけです。数で答えていますが、そこに無限の相を漂わせています。

例えば星の数を数えてみろ、というようなものです。星一つひとつが人間だとか動物というところで話しているのではないんです。文殊は山になりきったところにいる。山そのものが文殊さんなんですから、山に出会えば山が文殊さん、川を見れば川が文殊さん。ですから無限です。無数にきらめく夜空の星を、星一つ出てないわい、と言えるのが禅なんです。そういう働きです。その働きの元は、「殺人刀」、「活人剣」。これをぜひ覚えてください。

空は無です。何もないからこそ、みな文殊さんになるんです。私たちも、チラとでも想いがあればそれだけ。何一つ自分のものにはなりません。これは、十牛図の第九図だと思ってください。人間は描かれていません。若者はいません。あそこです。あれが文殊さんの世界。何もないからこそ、流れる川、描かれた木は文殊さんであり、私たち一人一人の無の世界。無である時、川あり木ありです。私たち一人一人の無なるところを描いたのが第九図です。無の姿。

そこから一歩踏み出して第十図が生まれます。そこには二人の人が描かれています。若者と布袋さんです。布袋さんが、それまで描かれていた若者だと言われています。すると、布袋さんの前の若者は別の人でしょう。布袋と出会ったその若者は、第一図へ行くのです。一から修行を始めようと、出発する。そういう絵柄です。

ここで大事なのは、布袋さんと若者の距離だといわれます。人間は人の間と書きます。どれくらいの隔たりがあるのか。面白いですね。ある意味、この二人は同じです。しかし離れています。その距離は無限だとも言えるし、布袋さんが即若者とも言えます。この距離が天地いっぱいに広がることもあれば、即の一字で消えてしまうこともある。これが禅です。

活人剣の方でいきますと、無性。何もない。無一物。ですから、出会う全てが自分になるんです。自分の無の姿としてさっと入ってくる。何もないからこそ、自由自在に取り込めるのです。道元さんも言っていますね。「放てば手に充つ」。握っていると何も取り込めないぞ、手を開けておけば、目の前のものをつかむことができるぞ。無とは開いているところ。握っているところは有でしょう。無性だからこそ、縁によって生じたものを全て無の姿として、親しく見《まみ》えることができるということです。そういうことで、この円相が成り立っていると思ってください。

大悲のゆえに

言い過ぎになるかもしれませんが、これは生きるコツではないでしょうか。執着ということを禅は否定します。空が広々とした本当に気持ちのいい世界であるにしても、そこに坐り込むことを嫌います。すぐに色へ帰れ、とやるわけです。そこで、こういう言い方ができないでしょうか。「有に即して、有に着せず」。色に執着しない。「空に処して、空に着せず」。殺人刀、活人剣を縦横に振るって、です。

殺人刀、活人剣を決めるのはみなさんです。みなさんの主体性が決めることです。そこでいったい何をやるか。何を行ずるか。それがこの則の根本にある想いです。わけのわからないような問答をしていますが、どうしてそうなるのか。そこにあるものは何かといえば「大悲」です。痛みを分かち合うということです。相手の痛み、悲しみを我がものとする心。これを行ずるのだというのです。

「一点無縁の大慈悲心を行ずる是れ」。是れを念頭に置いて、ここは殺人刀か、活人剣か、そのつど判断して、この人生を生き切っていただきたいと願います。

何のためか。「一点無縁の大慈悲心」を実現するため。これは目に見えません。私たちの中に眠っているんです。それを取り出していくわけですね。創り出していくんです。

それが、文殊さんの心であり、普賢さんの心であり、観音さんの心である。そして、自在天の心でもある。そう思うのです。

長沙、限りなきの意——第三六則「長沙一日遊山」

【本則】挙《こ》す。長沙、一日《あるひ》遊山して、帰って門首《かどぐち》に至る。首座《しゅそ》問う、「和尚什麼処《いずこ》にか去《ゆ》き来たれる」。沙云く、「遊山し来たる」。首座云く、「什麼処にか到り来たれる」。沙云く、「始めは芳草に随って去《ゆ》き、又た落花を逐って回《かえ》る」。座云く、「大いに春意に似たり」。沙云く、「也《ま》た秋露の芙蕖《ふきょ》に滴《したた》るに勝《まさ》れり」。雪竇著語して云く、「答話を謝す」。

【頌】大地繊埃《せんまい》を絶す、何人《なんびと》か眼開かざる。始めは芳草に随って去《ゆ》き、又た落花を逐って回《かえ》る。羸鶴《るいかく》寒木に翹《はばた》き、狂猿古台に嘯《うそぶ》く。長沙限り無きの意。咄《とつ》。

「大いに春意に似たり」

この則は垂示が欠けています。碧巌録は今でも宗門第一の書と言われています。昔から評判が良かったのですが、それゆえにかえって問題だと禅は見るのですね。大慧宗杲という大物が焼いてしまった。焼いてみて初めて、碧巌録の凄さもわかる。そこで復刊しようと骨を折ったんですが、どうしても集まらないものがあった。圜悟禅師は三ヶ所で提唱しているので、どこかで記録に残っていればよかったんですが、どうしても元に戻せないというのがあった。特に垂示が集まらない。この則もそういうわけで垂示がありません。

「挙《こ》す。長沙、一日《あるひ》遊山して、帰って門首《かどぐち》に至る」。長沙禅師という方は、南泉和尚の弟子。禅が中国に渡り、六代目に六祖慧能大師が出ました。ここでようやく中国の国土に合った禅が生まれたとされています。その孫弟子に二人の大物が出ました。一人が石頭希遷禅師。もう一人が馬祖道一禅師。石頭禅師の方が少し年上です。真金鋪《しんきんぽ》とうたわれました。本物の金《きん》を扱うお店だと。

これに対して、馬祖禅師は雑貨商だと言われました。なぜ雑貨かというと、「即心即仏」、私たちの心がそのまま仏であると言われた方だから。私たちはそんじょそこらにおりますね。その心が仏だと言いだしたので、雑貨商と言われて現在に至るわけです。その馬祖禅師の弟子が南泉和尚。猫を叩き斬ったので有名です。このお弟子が長沙和尚。趙州和尚の兄弟弟子でもあります。

この長沙和尚がある日遊山して、山登りをして帰ってきて、山門まで着いた。このころ、長沙禅師は四〇代だろうと言われています。

道場の弟子の中の最古参を、首座というんですね。「首座《しゅそ》問う、『和尚什麽処《いずこ》にか去《ゆ》き来たれる』」。最古参の雲水が尋ねた。和尚さん、どこへ行ってきたんですか。

すると長沙は答えます。「沙云く、『遊山し来たる』」。山に登ってきた。これは答えになっているでしょうか。なっていないとは言えないまでも、首座はこれを聞きたかったわけではないので、同じ質問をします。「首座云く、『什麽処にか到り来たれる』」。私が聞きたいのはそんな答えではありません、どこへ行ってこられたんですか、と。そこで今度は、別の答えが返ってきます。

「沙云く、『始めは芳草に随って去《ゆ》き、又た落花を逐って回《かえ》る』」。だいぶ趣が違いますが、これも常識的に見たら答えになっているでしょうか。首座はこんな答えを聞きたかったのでしょうか。これも首座の心に叶わなかったでしょうね。

そこで次に「座云く、『大いに春意に似たり』」。これは皮肉ですね。春の意。和尚さん、浮かれているのと違いますか。

するとと長沙は言います。「沙云く、『也《ま》た秋露の芙蕖《ふきょ》に滴《したた》るに勝《まさ》れり』」。今度は秋の景色で答えます、秋の露が蓮の葉っぱに滴っているよりは、ましじゃろう。

さて、普通の対話と禅問答はどこが違うんでしょうか。これは普通の対話ではなく、禅問答です。禅問答は、必ずそこに宗旨が入っています。碧巌録は禅問答を集めた書物ですから、宗旨が込められています。ここにも宗旨がある。禅問答における宗旨を一字で言い直すと、空です。空が漂っていないと、禅問答とは言えないのです。ですから、どんなに首座の問いに答えていないようでも、長沙の返事には空が響いているんです。

そこでちょっと見方を変えましょう。般若心経はいろいろな宝財を三百字足らずの言葉に蔵しています。「色即是空、空即是色」というのは一番の宝財だと思います。しかし、私たちの先輩はそれが一番とは言いません。一番は「無所得」だと言います。私たちはここで、禅問答を理解してもらうために一番いいのは、色即是空、空即是色だと思っています。しかしそういうことを除いて、全体的な意味で一番、先輩方の心を打ってきたのは、「無所得」。「以無所得故」というところです。「無所得を以ってのゆえに」というところです。

長沙は四〇歳を超えているので、空が開けていたと思います。長沙は空の場に立っていると言えるでしょう。長沙が行くところは山でも川でも、長沙と空は常に一つでしょう。しかし山門で待ち受けていた首座はどうでしょうか。この問答を見ると、首座にはまだ空が開けていなかったと見える。だから問答がちぐはぐになるんです。

首座が空に出会っていれば、長沙が初めに答えた「遊山し来たる」で、二人はすうっと通い合えたと思います。しかし、首座は空に通じていないから、同じような質問を繰り返す。「もっと具体的に言ってください」という意味合いでしょう。すると、長沙は別の言葉を返します。しかし、これにもピンとこなかったようです。結構ですなあ、でも和尚さん、浮かれていませんか、という感じです。

これに対して長沙は、秋を持ち出しました。花が散った蓮の葉に、秋の露が滴っているよりはましじゃろう、という感じ。これに対して首座はなんと答えたか、書かれていません。無語だったのか。それとも、これ以上首座の言葉を載せる必要はないということで削られてしまったのか。わかりません。

代わりに雪竇が出てくるんですね。「雪竇著語して云く、『答話を謝す』」。雪竇さんの言葉は、すべてに対して言っているものかもしれません。いいお答えをいただき感謝申し上げますと、首座に代わって長沙に礼を言っています。

「長沙限り無きの意」

頌に入ります。

「大地繊埃《せんまい》を絶す」。大地のどこを探しても塵一つない。本来、繊埃は「せんあい」と発音しますが、繊の「ん」が重なって「せんまい」としてあるのでしょう。さて、塵一つない。これは、空を表しています。何もない、というのですから、空です。

「何人《なんびと》か眼開かざる」。第五則に「雪峰尽大地」というのがありましたね。天地どこを尽くしても、ということです。この広い天地を一掴みにしたら、と雪峰禅師はいっています。雪峰禅師は禅を教えるのにかけては一番と言われます。趙州禅師は百二十歳まで生きたので、同時代ですが、ずっと年上の趙州を差し置いて、雪峰が一番だと言われているほどです。その雪峰が、天地を一掴みにした。ふと見ると、籾殻くらいの大きさだった、というんです。

これは嘘ではないでしょう。坐禅をして、ぐんぐん大きくなったんだと思うんです。自分の殻を抜け出して、自分の色身はポツンとしていますが、坐禅することでどんどん膨らんでいった。「展《の》ぶる則《とき》んば法界《ほっかい》に弥綸《みりん》す」という言葉がありますね。あれです。雪峰禅師は坐禅をしながらだんだん大きくなって、天地を超えてしまったということですね。

西遊記の孫悟空が、金斗雲に乗ってどんどん上昇して、柱に何かを書いて戻って来た。ものすごく遠くまで行ってきたぞ、と自慢するけれど、その柱は実はお釈迦様の指だった、というお話がありますね。そんなものです。

雪峰禅師はどんどん大きくなって、天地が手の平に乗っかってしまった。籾殻ですから、ちょっとした風でも飛んでいってしまいます。放り出したら漆桶の中に籾殻が飛び込んだような感じで、漆のどこに消えたのかもわからない。そこで雪峰の道場に常にいたという修行者、千五百人を全員呼び集めて「探してみろ」、とおっしゃった。

逆に収めるときです。「収むる則んば糸髪も立せず」と言います。髪の毛一本立てる余地すらない。それほど小さくなってしまう、というわけです。それが「大地繊埃《せんまい》を絶す」です。あるときは法界に弥綸し、あるときは、この広い世界のどこにも見当たらない。それが私たちの本当の命だ、というのが禅の立場でしょう。

雑貨商と言われた馬祖道一禅師の立場です。一つの手段は坐禅。坐禅をすれば、「大地繊埃《せんまい》を絶す」という経験ができますよ、と。まさに雑貨商でしょうね。

「何人《なんびと》か眼開かざる」。いったい誰が眼を開けないことがあろうか。みんな空という眼が開けますよ。話はそこからです、ということでしょう。

「始めは芳草に随って去《ゆ》き、又た落花を逐って回《かえ》る」。こういう働きが空から飛び出すわけです。「始めは芳草に随って去《ゆ》き」は、十牛図で言えば、第九図。人間は描かれておらず、自然の光景だけがあります。芳しい草に導かれて山登りをする。

次の句で人間が出てきます。「又た落花を逐って回《かえ》る」。「逐って」に人間が現れています。ここは第十図。二人の人間となって描かれます。それまでの若者は布袋さん。新しい若者が加わります。帰りは花がハラハラと落ちるのを追って帰ってきたんだ、となります。

ここは雪竇さんが長沙禅師の文句を使って言っていますね。

第三句目。「羸鶴《るいかく》寒木に翹《はばた》き、狂猿古台に嘯《うそぶ》く」。もう一度尋ねられた時、長沙の答えは「秋露の芙蕖《ふきょ》に滴《したた》るに勝《まさ》れり」でした。しかし、雪竇は違います。こんなことを言うから、首座は空に開けないんだ。それは長沙、あんたの責任だ、と言わんばかりです。自分ならこう言ってやる、というところです。

ゾッとするような光景です。羸鶴は痩せ細って気力が感じられないツル。寒木ですから、花も葉も枯れ落ちた裸の木。寒々とした木にやせ細ったツルが羽ばたいている。羽を休めている。猿が人っ子一人いない丘に集まって、キーキーと狂ったように泣き喚いている。最後にこう言っています。「長沙限り無きの意」。無限の心です。

ひとつのいのちを生きる――平等の世界

　もう一度まとめてみます。馬祖道一禅師は長沙のおじいさんにあたります。父が南泉和尚。その師匠です。おじいさまが何を言ったかというと、「即心即仏」。私たち一人一人の心が仏なんだ。しかしそれゆえに、雑貨商というあだ名が今日までつけられています。

　孫弟子の長沙は非常に優秀で、早い時期に空に開けたと言われています。「色即是空」。あくまでも色はそのまま空ですから、くっついています。便宜上分けますと、形あるものが色。色身、というのは現実の身体。法身は、空のことです。私たちの色身が、だんだんと溶けていく。坐禅をしていると手足の感覚がなくなっていきます。なくなる分だけ、天地に広がっていきます。色が空に達する直前の一点、これを思ってください。そして、空から出た一点。これが大事なんだと思います。あと一息で空、という一点、というのはどのようなものでしょうか。

　色にあれば、私たちはみんな違います。職業も何もかも違う。それが坐っているうちに脱落していくんです。仕事も性別も関係なくなってくる。そして、すべてがなくなる一歩手前にあるのはなんでしょうか。平等です。なんとも言えない一点。男でも女でもない。

老いてもおらず、若くもない。なんとも表現出来ない、差別が落ちきった一点。そこにおいて私たちは、本当の意味で平等になれるのではないでしょうか。

そしてこの平等こそがお釈迦様が説く第一の力点です。お釈迦様の心に参ずるには、この一点まで自分というものを払いとっていかなくてはならない。そういう一点です。それが空へ転ずると、何もかも無くなります。

そこで終わりかといえば、終わりません。「空即是色」。色へ帰る。帰り始めの一点はなんでしょう。平等です。そして色へ帰ってくる。これが妙有です。

本当に平等を味わってもらいたいものです。私たちは一つの命を生きている。みんな一つなんです。妙有では、みんな違うけれども一つなんです。空において一つ。そういう世界です。

そうしますと、「羸鶴《るいかく》寒木に翹《はばた》き、狂猿古台に嘯《うそぶ》く」というのも他人事ではありませんね。私たちの命の一面です。そういうことをつくづく感じながら、その一点にたどり着くわけです。そうすると本当に、私たちの命にはいろいろな面があるのだとわかります。首座が言うように、「春意」だけではない。「秋露の芙蕖《ふきょ》に滴《したた》るに勝《まさ》れり」というのもそうだし、雪竇が詠うところも、私たちの命の現実だとつかむ。その上で、本当の意味で一つになれる、平等の世界が開けると思います。

空の時は形がなくなります。その直前は一点です。一点ですから何も私たちの色が入り込めません。少し色身に近づくといろんな情景があります。しかしそれも一点にすることによって、いろんな命がみんな一つだと実感していただける。このわずかな一点。

ここを「長沙限り無きの意」。単に長沙が三つ答えただけではないぞ。雪竇さんが二つ足していますが、それだけでもない。もっともっと、他のことも含めているぞ。長沙の心は、三つの答えだけに現れているわけではないぞ。

こう詠い上げた上で「咄《とつ》」と言っています。語れない、ということです。語れば語るに落ちてしまう。なんとも言えんところだ、というところだと思います。

行解《ぎょうげ》相応《そうおう》と言いますね。禅の立場です。解はわかる、ということですね。行は行ずる。禅では、わかったところを行ずることに意味があるわけです。わかったというのは、頭の世界ですから、どんなことでも言えます。しかし、私たちの身体は有限ですから、実際にすべてを行ずることはできますか。無理ですね。お釈迦様のお悟りのようにやれ、と言われてもなかなかそうはいきません。しかし、それではだめだ。やらなくてはいけない、というわけで、公案となるわけです。公案というのは本当に厳しい世界です。

お釈迦様の世界は法身。私たちは色身。法身は天地の上に頭を出すような世界。天地をわが身とするような世界。東大寺は大きな仏様、毘盧遮那仏を作ろうとした。限りがあるからあの大きさですが、本当は富士山より大きいのです。しかし私たちは限られています。ここで同じことをしようとしても無理ですが、それをやれ、というのが公案です。これを機関の公案と言います。

私達の現実の体を使って、お釈迦様の世界と同じことをする。これは「即」。機関の公案を次々与えて悩ませるのは、限られた身体で無限の意、お釈迦様の心を実現しろ、ということです。えらいことですね。ここに、馬祖のありがたさがあります。できるんです。例えば、夜空に輝く星を数えてみろという。そんなことはできませんね。しかし、それは問題ではないんですね。幾つあるかではないんです。もっと違ったところに答えが用意されてあるんです。それを通して、慣らしていくんですね。

この則も会話になっていない。けれども、首座がおかしいということになります。常識の世界を一歩も出ていない。お釈迦様のお心にかなっているのは長沙の方です。そこで、最後にたまりかねて、雪竇が著語しているんです。「答話を謝す」と。

仏法と出会うところ

ここにはもう一つの大事が潜んでいます。私たちは結局、平等というけれども、どこでその平等に出会うかということです。私たちが坐禅してぐんぐん大きくなり、雲の上に頭を出す。そこで、というのではないでしょう。むしろ逆です。逆のことで平等の世界を見出すと思います。それはこの後、第四〇則に長沙の師匠、南泉の話が出てきます。そこで触れることができたらいいな、と思っています。

宗派は違いますが、親鸞聖人が言っています。法蔵菩薩の願は親鸞一人のためなり、というんです。法蔵菩薩の願というのは、この世の中でまだ仏となっていない人がいる限り、自分は仏にならないと決意して、五劫という長い時間、修行したというんです。やがて、阿弥陀仏になります。ということは、この世の人はみんな仏になったというわけです。

それを、自分一人のためだ、と親鸞聖人は言います。これが親鸞聖人のすごいところです。一番てこずらせたのが自分だ、と思われたのでしょう。論語なんかも勝手な読み方をした人ですからね。そういう、てこずらせた親鸞、この一人のために、と言っている。そこに私は行の重みがあると思います。頭であれば、仏法を理解するのは難しくないでしょう。しかし大事なのは行ずること。行ずる段になって、その難しさを承知する、ということがどうしても大切だと思います。

この則で言えば、「羸鶴《るいかく》寒木に翹《はばた》き、狂猿古台に嘯《うそぶ》く」と言うのが一番しんどいですね。読んでいても。しかしこれも、私たちのいのちだ。親鸞聖人であれば、すうっといけるでしょう。エリートは、そうはいかないでしょうね。おれはこんなんじゃない、となるでしょう。しかし、行を通じて、一人一人がわかる、ということが大切です。思いはいかようにもなりますが、体はなかなか思うようにいかない。

そして、自分はつくづくだめな人間だ、と思い至ることを通じて救われるのであれば、誰もが救われます。誰もが一緒に仏になれますね。それが、「山川草木悉皆成仏《さんせんそうもくしっかいじょうぶつ》」。自分が空に開けた時、仲間内はもちろん、草や木までも空に開けていた、と言い切れるのは、底辺を這いずり回って空に開けたからこそでしょう。

ですから、仏法を学んで、かっこよくなって空に開けようというのはだめなんでしょうね。のたうちまわらなければ。のたうちまわりながらも、空に開ける。のたうちまわってこそ、空に開けるんです。そこが行を重んずる禅宗の立場です。

それが最後の「咄《とつ》」でしょう。言いたくない。言えば言うほど傷つく、ということではないでしょうか。

第四〇則の頌ですが、「誰か共に澄潭に影を照《うつ》して寒《つめた》き」。影を映しているものはいったい誰か。そういう言葉に託して、雪竇さんは私たちのどんなところを言おうとしているのか。これは碧巌百則中の絶唱だと言われています。ぜひ四〇則は読んでいただきたいものです。碧巌録は私たちが知らない自分というものを語ってくれています。そうすると、行ずることも難しいことではないとわかってもらえると思います。

「仏法多子無し」。何でもない。本来にかえれば、生まれた時に備わっているものが出てくるだけです。ここにあるものに気づくだけですから、何でもない。すごいことといえばすごいことですが、この両面を二つに分けずにがっしりつかむことができれば、と思います。

のたうちまわる。そこに仏法が輝いているんです。一番自分の底辺のところでつかむ。いたらないところに仏法がある、と分かればいいではないですか。どうしようもないところで、仏さんと出会っていただきたいと思います。

無心と無法の対する世界——第三七則「盤山三界無法」

【垂示】垂示に云く、掣電《せつでん》の機は徒らに佇思《ちょし》を労し、空に当るの霹靂《へきれき》は耳を掩うに諧《かな》い難し。脳門《あたま》の上に紅旗を播《はため》かせ、耳の背後《うしろ》に双剣を輪《まわ》す。若し是れ眼《まなこ》辨じ手親しきにあらずんば、争《いかで》か能く搆《いた》り得ん。有般底《あるもの》は低頭佇思、意根下に卜度《おしはか》り、殊に知らず髑髏《どくろ》の前に鬼《き》を見ること無数なるを。且道《さて》、意根に落ちず、得失に拘《とらわ》れず、忽《も》し箇《こ》の恁麼《さよう》に挙覚《こかく》するものの有らば、作麼生《いかに》か祇対《うけこたえ》せん。試みに挙《こ》し看ん。

【本則】挙《こ》す。盤山《ばんざん》垂語して云く、「三界無法、何処《いずこ》にか心を求めん」。

【頌】三界無法、何処にか心を求めん。白雲を蓋《やね》と為《な》し、流泉を琴と作《な》す。一曲両曲人《ひと》の会《え》する無く、雨過ぎし夜塘に秋水深し。

「三界無法」とは

垂示のところは、本則を念頭に置いてあります。「掣電《せつでん》の機は徒らに佇思《ちょし》を労し」。掣電は、ピカッと電流が流れる働きです。その電雷が走る働きを前にしたら、何が何やらわからないまま思いに沈む。

だからこれは、「盤山《ばんざん》垂語して云く、『三界無法、何処《いずこ》にか心を求めん』」を念頭に置いた垂示なんです。三界無法などと言われても、いったい何のことだか、いたずらに佇み、思案してしまうだけだ。

「空に当るの霹靂《へきれき》は耳を掩うに諧《かな》い難し」。空に稲光がピカッと走り、間髪おかず雷が鳴る。耳を覆ってもその音を避けることは難しい。

三界無法をつかむことが大事です。どこを言っているでしょうか。三界というのは、欲界・色界・無色界のこと。一言で言えば、迷いの世界です。天上界も含め、我々が生きている世界を指します。それが無法だという。三界が無法なら、いったいどこに心を求めたらいいのか。

般若心経で言えば、法と心。「心」は「眼・耳・鼻・舌・身・意」の「意」と取りますと、その対象は「色・声・香・味・触・法」の「法」。法は存在と訳せるでしょう。我々が住む世界には何一つない。無一物。三界はいろんなものがひしめいているように思われますが、盤山禅師は三界無法と言い切ります。

何か対象があれば、それに働いている「意」を探すことができるけれども、三界に何一つ「法」がないのならば、いったいどうして「心」を求めることができようか。こうなりますね。すると三界無法とは、何を言っているのか。これが大きな問題になります。

「脳門《あたま》の上に紅旗を播《はため》かせ、耳の背後《うしろ》に双剣を輪《まわ》す」。紅旗は古代インドで命がけの問答をする時に掲げるもの。問答に勝った方は、この旗を手にします。「脳門《あたま》の上に紅旗を播《はため》かせ」は、問答が終わらないうちに、頭上に紅旗をはためかせるようなすごいお方。あるいは、「耳の背後《うしろ》に双剣を輪《まわ》す」、耳の後ろに二つの剣を回しているようなお方。第三五則に似たような言葉がありましたね。自在天には、三つのまなこと八つの腕がある。この腕の二本はもう、耳の後ろで剣を振り回している、ということです。

「若し是れ眼《まなこ》辨じ手親しきにあらずんば」、そのようなお方は、もともとすごい眼を持っており、手も生まれながらそのようにある人。そうでなければ、「争《いかで》か能く搆《いた》り得ん」。どうしてこのようなところに至り得ることができようか。

「有般底《あるもの》は」、一般の人は、「低頭佇思」。このような働きの前に、ただただ頭を垂れて思いに沈む。あるいは「意根下に卜度《おしはか》り」、心の根っこに卜度するが、言葉には出てこない。「殊に知らず髑髏《どくろ》の前に鬼《き》を見ること無数なるを」。あたかも見ていると、髑髏の前に鬼火が盛んに動いているようだ。生きたままこの言葉に出会ったら、普通の人であれば生きながら髑髏になって、その前に鬼火がチラチラ動いているような状態になってしまう。「無数なるを」は、鬼火が無数なのか、こういう人が無数なのか。「殊に知らず」、分からなくなってしまう。

「且道《さて》、意根に落ちず、得失に拘《とらわ》れず」。そこで、心の奥底に落ち込まないで、または、利害得失にとらわれないで、「忽《も》し箇《こ》の恁麼《さよう》に挙覚《こかく》するもの有らば、作麼生《いかに》か祇対《うけこたえ》せん」。もし盤山禅師が垂示したような質問に出会ったら、どのように受け答えしたらいいか。「試みに挙《こ》し看ん」。こういう垂示です。どう答えるかが問われています。

心はどこにあるか

改めて本則を見てみましょう。「盤山《ばんざん》垂語して云く、『三界無法、何処《いずこ》にか心を求めん』」。

これが全てです。これにどう答えるか。どうかいい答えを出してください、ということです。

金剛経の中に有名な言葉があります。「一切有為の法は、夢の如く、幻の如く、泡の如く、影の如く、露の如く、また電のごとし」と。有為の世界について金剛経はこのように言っています。有為の奥山今日超えて、どこへ行くのか。有為から無為へ、でしょう。この世で苦労を重ね、有為を踏破して新しい無為の世界へ踏み込む。

では、「三界無法」とは、どういうことになりますか。まさに、いろは歌がいうところでしょうか。有為の法を超えて、無為に出たところを言うのでしょうか。

いろは歌は、三界を表しています。「色は匂へど散りぬるを　我が世誰ぞ常ならむ　有為の奥山けふこえて　浅き夢見じゑひもせず」。有為の法をようやく超えて無為の世界へ歩を入れ込んだところ、と見たらどうでしょうか。それが、頌に詠われているところだと思います。

頌に入ります。「三界無法、何処にか心を求めん」。この世には一切の法はない。自分の心もどこに求めたらいいのか。

これに対する雪竇禅師のお答えは、「白雲を蓋《やね》と為《な》し、流泉を琴と作《な》す」。三界を有為の法とすると、奥山を超えたところはどんな世界かというと、無為の法の世界。そこは白雲を屋根にして、流れる泉を琴とする世界。つまり、大きな世界です。汗水垂らしてようやく有為の奥山を登りつめた時に、そこに展開する世界を表現しています。非常にひろやかな、大きな世界ですね。

「一曲両曲人《ひと》の会《え》する無く」。一曲というのは「三界無法、何処にか心を求めん」でしょう。これを会する人は誰もいない。両曲ですからもう一つ、これは「白雲を蓋《やね》と為《な》し、流泉を琴と作《な》す」でしょう。

「雨過ぎし夜塘に秋水深し」。これで押さえています。だが、現実はどうか。雨が激しい音を立てて過ぎていった。その夜のため池には、秋の水が豊かにたたえられている。本当に三界は無法なのか、という意味でしょう。

ＮＨＫの番組「心の時代」で岡村美穂子さんと金光寿郎さんの対談がありました。岡村さんは鈴木大拙の晩年の秘書をした女性です。八〇代の鈴木大拙に対し、彼女は一五歳でした。アメリカで出会ってからずっと、大拙先生の秘書として、その晩年を輝かしいものにした功績のある方です。

その番組の中で話していたことですが、ある時、大拙先生がテーブルを叩いた。そして

「美穂子さん、これをどこで聞いたか」、と尋ねたそうです。当時の岡村さんは二十歳前後。「私は賢いですから（――相手の金光さんはもっと賢い方です。だからこんな冗談が言えるのです――）、耳で聞いたなどとは答えず、言いました。全身で聞きました、と」。すると大拙先生は、「けち臭いぞ、美穂子さん。宇宙から聞かなくては」と言ったそうです。これでしょう。有為の奥山けふ越えて、無為の世界に入ったということは、宇宙から聞いた、という答えがスッと出てくるということでしょう。どうでしょうか。

自分が聞くのではないんです。自分で聞く限り、だめなんです。宇宙から聞く。自分が一度消えなくてはならないんです。だから、もちろん耳で聞いてもだめだし、「全身で」と答えるのもいけない。一度自分という我を滅しなくてはならないんです。本当に無になったところで聞く、ということが宇宙から聞く、ということでしょう。

現し身が本当に消える、という厳しさが要求される。それがあって初めて、「宇宙から聞く」ということが出てくるのでしょう。本当に無になったところから聞く。無我というのは、宇宙とぶっ続きになるということですね。我々は非常に小さな存在です。小さなまで、宇宙とぶっ続きになったところから聞く。

三界無法も、それ以上には出ないのではないでしょうか。法は自分の身体。三界に自分の身体などないぞ。盤山禅師からすれば、三界にちっぽけな身体などない。

しかし、身体がなければ心も求めようがないではないか。それが大丈夫なんです。有為から無為へ行っただけです。宇宙と繋がった身体として蘇ってくるんです。そのためには一度、どうしても生身の身体をなくさなくてはならない。それが「有為の奥山けふこえて」ということです。

宇宙とぶっ続きになると、どういう光景が開けてくるか。その一つがここで詠われている「白雲を蓋《やね》と為《な》し、流泉を琴と作《な》す」。そこで一度消え去り、無我となった人からすれば、天高く動いているあの白雲の下で、谷川のせせらぎを琴の音と聞くような世界が開けてくるのです。これは一例です。

「何処《いずこ》にか心を求めん」。その人の見る全てが法なんです。そして、法を見る自分の心の動きこそが、蘇った自分の、宇宙とぶっ続きになった心。そうなって、見たり聞いたり語ったりできる自分が誕生する、というわけでしょう。

鈴木大拙先生のところに、ヒッピー族の大将が訪ねてきたことがあるそうです。その時に何を思ったか、大拙先生は「肘外に曲がらず」という話をしたそうです。それでいいんだ、というんです。曲がらないというのが自由だ、と。柳は緑、花は紅。それが柳の、花の自由だ、と。

どういうことを言いたかったのでしょうか。自分から物事を見るよりも、自分が宇宙とぶっ続きになって物事を見る方が、より自由だということではないでしょうか。自分自身の目、耳、心で物事を判断するより、宇宙とぶっ続きになったところから自然に判断した方が、より深く、より広く物が見え、判断ができるぞ、ということでしょう。

ですからヒッピーの人たちの、なんでも自由にやるという思いや考えは、本当の意味では自由ではないのだ、ということです。勝手な振る舞いではなく、何か、我々を頷かせしめる何物かが通っている自由自在であるはずだ。こう思います。酔っ払うのが自由ではない。「浅き夢」がいいとは言わせない、自由自在とは言わせない、ということです。

わかっても、わからなくても、「雨過ぎし夜塘に秋水深し」。現実に深々と水をたたえた堤がある。それをしっかりと見てくれ、と言っています。見方は人それぞれ、自由です。自分どう見るか。三界一つ一つのもの、事柄が法。無に貫かれた法となってよみがえる。自分自身、無我になって、無の法を見たとき、そこにどんなことが生まれるか。これがとても楽しみなところです。

宇宙とぶっ続きの世界

「雨過ぎし夜塘に秋水深し」は諸法実相の一場面でしょう。有為の奥山けふこえて、無為の世界へ踏み込んで、法を見る、ありとあらゆるものが諸法実相となる。その一つが、この場。降った秋の雨水を満々と湛えている。これはハっきりと見えています。これこそが無の法であり、真の法でしょう。

「三界無法、何処にか心を求めん」。三界無法だからこそ、心でいっぱいだ、同時に心も無限だ、とも言えます。無心と無法が対するわけです。ありとあらゆるものに無心が現れている。これが宇宙とぶっ続きの世界。宇宙から見て、宇宙から聞く、ということでしょう。

有為の奥山けふ超えて。皆さんも超えて、一歩を踏み出していただきたい。無門関にもありますね。「十方世界に全身現ず」。てっぺんにとどまっていないで、一歩踏み出せ、というんです。するとどうなるか。十方世界に現じているものすべてが、その人の心となる。心が花となって咲く。緑となってそよぐ。そういう世界が実感できるぞ、と言ってくれています。

こういうのはどうでしょう。刑法という学問があります。その先生がおっしゃったことですが、刑法と観音様は結びつきますか。刑法は怖い学問でもあります。その先生は、刑法と観音様の像が結びついて初めて刑法も本物になる、という言い方をしています。

有為の法でいろんな苦労を重ねて、一見、結びつかないはずの刑法と観音像が結びつくところに、刑法の完成を見ている。これが有為の法から無為の法に転じたところでしょう。有為の法のままで、無為の法に移っていく展開です。並大抵のことではありません。しかし、宇宙のことですから、何でもないことかもしれません。気づくだけで、あっという間に移ることができるのかもしれません。どうでしょうか。

四苦八苦の中に、「求不得苦」というのがあります。求めることが苦しみを生む。有為の法から無為の法を求めると、苦しみが生まれるだけでしょう。そんなことを忘れて生き抜くところに、ある時ハッと気づくところがある。これが真実だ、という世界が生まれてくるのではないでしょうか。

即非をこえて――第三八則「風穴鉄牛機」

【垂示】垂示に云く、若し漸を論ぜば、常《よのつね》に返《そむ》いて道に合す、鬧市裏《どうしり》に七縦八横。若し頓を論ぜば、朕迹《ちんせき》を留めず、千聖も亦た摸索不著《さぐりあてられず》。儻或《もし》頓漸を立てずんば、又た作麼生《いかん》。快人は一言、快馬は一鞭、正に恁麼《さよう》なる時、誰か是れ作者《てだれ》なる。試みに挙《こ》し看ん。

【本則】挙《こ》す。風穴《ふけつ》、郢州《えいしゅう》の衙内《がだい》に在って上堂して云く、「祖師の心印、鉄牛の機に状似《に》たり。去れば即ち印は住し、住すれば即ち印は破す。只だ去らず住せざるが如きは、印するが即ち是《ぜ》か、印せざるが即ち是《ぜ》か」。時に盧陂《ろひ》長老なるものあり、出でて問う、「某甲《それがし》、鉄牛の機あり、請う師、印を搭《とう》せざれ」。穴《けつ》云く、「鯨鯢《げいげい》を釣って巨浸を澄ましむるに慣れて、却って嗟《なげ》く蛙歩《あほ》の泥沙に驟《まろ》ぶことを」。陂《ひ》、佇思す。穴、喝して云く、「長老、何ぞ進語せざる」。陂、擬議す。穴、打つこと一払子《ほっす》。穴云く、「還《は》た話頭を記得すや。試みに挙《こ》し看よ」。陂、口を開かんと擬《ほっ》す。穴又た打つこと一払子。牧主云く、「仏法と王法と一般《おなじ》なり」。穴云く、「箇《こ》の恁麼《なん》の道理をか見る」。牧主云く、「当に断ずべくして断ぜずんば、返って其の乱を招く」。穴、便ち下座《げざ》す。

【頌】盧陂《ろひ》を擒得《とら》えて鉄牛に跨《また》がらせ、三玄の戈甲《かこう》未だ軽《かるがる》しく酬いず。楚王城畔朝宗《ちょうそう》の水、喝《かっ》下に曾て却って倒流せしむ。

漸教と頓教

二つの言葉が出ています。「漸」と「頓」。禅では大事な言葉です。これを中心にして読んでいくと、非常にわかりやすい則です。漸はだんだんに、という意味。頓は一挙に、という感じです。

有名な五祖弘忍禅師のもとに、神秀上座と六祖慧能大師が現れます。神秀上座は漸の方です。これに対して頓を代表するのが六祖慧能です。漸はだんだん、というのですから、わかりやすいのです。修行の上での大変大事な眼目になります。そこで、その頃の皇帝も理解を示して、神秀上座は宮廷に招かれて丁重なもてなしを受けました。

これに対して六祖慧能が主張する頓教の方は、一遍に変わってしまうというもので、なかなか一般に理解されません。それで、広めるのに大変に苦労されました。本則の主人公、作者《てだれ》である風穴禅師は臨済禅師の第四世で、六祖慧能につながる法系ですから、圜悟禅師はそこをにらんで風穴を持ち上げます。快人です。快馬です。作者です。台風と評されるところです。

「若し漸を論ぜば、常《よのつね》に返《そむ》いて道に合す、閙市《どうし》裏《り》に七縦八横」。ここで難しいのは「常《よのつね》に返いて道に合す」でしょう。これをどのように読んだらいいのかが問題です。常《よのつね》は世間。世間に返いて道に合す、というのですから。これが風穴禅師の独特なところです。

私たちは二つに分けること、分別知に慣れているので、言われなくても二つに分けたがるところがあります。例えば、漸教と頓教。一つの命であるはずなのに、二つに分けます。それがある意味で、世の常。私たちの常識です。しかし、達磨さんが伝えた仏法は必ずしもそこにはなかった。だから梁の武帝ですら、達磨さんを理解できなかったわけです。

ある意味でわけのわからない言葉ですが、「禅は禅でないから禅なんだ」。どこかで聞いたことはありませんか。しかし、「直指人心」。直に人の心を指差す。それが禅だと言いますね。「禅は禅だ」。ところがいつ頃からか、「禅は禅でないから禅なんだ」という曲がりくねった言い方が出てきました。これはいったいどういうことか。

神秀上座に代表される漸教は少しずつ足を、大地につけて前へ前へと進む、ということです。危なくないし、誰にもわかってもらえる。そういう優れたところがあります。が、私たちの世の中は、いつも順調に進むとは限りませんね。必ず問題や悩み、悲しみ、寂しさなどに囲まれています。そういうことも含めて、私たちの命と言えるでしょう。

いつも順調で、修行の力で、人間の負の部分を切り捨てて進んでいく。それを慧能大師の頓では否定します。そんなものじゃないと。それが、「禅は禅でないから禅だ」という言葉になって定着したのでしょう。定着というよりも、これは般若経の論理なんです。すでにインドで出来上がっています。

大般若と言いますが、般若の教えは「即非」の教えだと言いますね。神秀上座の漸教は非の方を見ていないと言います。人間の全部を見ていないじゃないか、となるわけです。人間にとって都合の悪い面、非を見ていないのではないか。

そこで、圜悟禅師からこんな言葉が出るのでしょう。「常《よのつね》に返《そむ》いて道に合す」。神秀上座の漸教を取るならば、世の常に背いて、初めて道に合すると言えるぞ、というわけです。この非の面を学び、しっかりと身につけて初めて、道に合すると言えるぞ、というわけです。

「鬧市裏《どうしり》に七縦八横」。鬧は人がごった返しているさまですから、大都市の真っ只中に住んで、七転八倒するようなことがあって初めて、漸教も仏道になるぞ、と言っているのだと思います。

それに対して「若し頓を論ぜば、朕迹《ちんせき》を留めず」。六祖慧能が主張する頓を論ずれば、擬議して棒で打たれて、「色即是空、空即是色」と一回転して跡に何も留めていない。「千聖も亦た摸索不著《さぐりあてられず》」。千人のお上人方が現れても、どうして一遍に変わったのか探り当てることはできない。これこそ頓教だ、というわけです。

そこでもうひとつ、ここに出てきます。「儻或《もし》頓漸を立てずんば、又た作麼生《いかん》」。もし、頓とか漸とか立てなければ、というのは、私たちの命を命そのものとしてつかもうと努めている人たちは、いったいどうなのか。

漸の教えによって、命そのものをつかもうとする仏道と、頓に一遍に生まれ変われるという教えに従って、命を極めようとする人たちを分けず、命そのものをつかもうとする人たちは、いったいどうだろうか。

「快人は一言」。そういう人がいたら、その人は快人だ、というんですね。それが風穴だ。そんな快人は一言でも、とことん行き着いたところまでわかってしまう。「快馬は一鞭」、馬に例えれば、千里の道を行く馬ならば、鞭一つで千里を走りきってしまう。「正に恁麼《さよう》なる時」、お悟りの時、です。「誰か是れ作者《てだれ》なる」、いったいどんな人がそんなお悟りを開いているのか。「試みに挙《こ》し看ん」。それをここに出してみるから、よく目を開いてみてくださいよ。頓教、漸教を超えたところの教えが大事なんだ、と言っているのでしょう。

風穴和尚の問い

本則に入ります。「風穴《ふけつ》、郢州《えいしゅう》の衙内《がだい》に在って上堂して云く」。上堂は和尚さんの正式な説法です。ですから、この場所は寺であるのが普通ですが、屋外でやっているから、何らかの理由で寺が使えなかったのでしょう。次のようなお話をされました。

「祖師の心印、鉄牛の機に状似《に》たり」。祖師方の心というものは、判子のようにはっきりしている。そのようにはっきりした心を受け継いできたんだ、ということでしょう。

それは鉄牛の働きに似ている。鉄牛というのは、昔、黄河が氾濫して多くの人々を苦しめたとき、何とかしなくてはならないということで、鉄で大きな牛を作って黄河に放り込んだ。牛は川の底に沈みます。黄河は濁っているから、そんな牛が川底にあるとはわからない。しかし、この鉄の牛を放り込んだことで、黄河は安定し、人々は喜びました。

「去れば即ち印は住し」。判子は持ち上げて初めて、印が紙に押されてあるのがわかりますね。黄河は深いから、普段は鉄牛が沈んでいるとはわかりません。しかし、世間は洪水の難から免れている。鉄牛を引き上げてしまえば、また洪水が起こるかもしれません。そうすると、いかに鉄牛が大事だったかがわかります。ただ、普段はわからない。「住すれば即ち印は破す」。住するですから、判子を押したまま。それでは、印はわかりませんね。見えません。ですから、どちらが漸でどちらが頓かはわかりませんが、一方には「去れば即ち印は住し」という面があり、もう一方には「住すれば即ち印は破す」という面がある。そういうことがありうるわけです。

ところが、「只だ去らず住せざるが如きは」。まだ去ったわけでもない、住しているわけでもない。ということは、これからどちらでもできるぞ、と言っているのです。どちらにも出来る時、「印するが即ち是《ぜ》か、印せざるが即ち是《ぜ》か」。さあ、どっちにするか、と我々に問いかけているわけです。こういう、わけのわからない問題を、風穴という人は我々に投げかけています。

型破りな訳し方になりますが、私たちの命、人生に例えると、次のような方がいますね。生きているうちは、偉すぎてちっとも偉さを感じさせない。亡くなって初めて、どんなに大切な人だったかわかる。そういうお方を述べているのではないでしょうか。理屈を言っているのではないのです。そういうお方の存在を、我々に問うているのです。

みなさんだったらどちらを取りますか。生きている間はちっとも大切にされない生き方を取るか、生きているうちに「あの人は人格者だ」と大いに大事にされる生き方をとりますか。みなさんはこれから、どちらでも取れますよ。どうしますか。そう、風穴は尋ねているのでしょう。


それを知ってかしらずか、「時に盧陂《ろひ》長老なるものあり」。盧陂という名前の長老がいました。「出でて問う」、出てきて問いました。

「某甲《それがし》、鉄牛の機あり」、私は鉄牛の機がございます。自分で名乗り出たのです。「請う師、印を搭《とう》せざれ」。鉄牛の機、お悟りの働きを身につけていますから、お願いですからお師匠さん、印など押さないでください。禅門の言い方をすれば、印可などいりません、と言っているんです。

それを聞くと風穴禅師は言います。「鯨鯢《げいげい》を釣って巨浸を澄ましむるに慣れて」、大きな鯨を釣って、大きな海から取り除き、海の平安をもたらす。そういう仕事を自分（風穴）はずっとやってきたけれども、豈図らんや。「却って嗟《なげ》く蛙歩《あほ》の泥沙に驟《まろ》ぶことを」。今日はカエルが泥砂に蠢いているのを見つけた。

そういうことを言われて、自分は鉄牛の機がある、黄河の水を鎮める働きがあると自負している長老は、意外だったのでしょう。「陂《ひ》、佇思す」。思わず、そこに佇んでしまった。思考が止まってしまった。

すると「穴、喝して云く」、風穴は一喝するわけです。「長老、何ぞ進語せざる」。だめだというんです。どうして話を前へ進めないのか。

「陂、擬議す」。そう言われましたので、長老は今度は我に返って、自分の考えをまとめようとするんです。二、三秒だけ待ってくれ、というのが擬議でしょう。

しかし風穴はその二、三秒を待たなかった。「穴、打つこと一払子《ほっす》」。持っていた払子で一打ちして、言った。「還《は》た話頭を記得すや」。何の話題でこうなったか覚えているか。鉄牛の機が問題でした。「試みに挙《こ》し看よ」。覚えていたらここで言ってみろ、というんですね。

そこで「陂、口を開かんと擬《ほっ》す」。長老が言い出そうとしたら、「穴又た打つこと一払子」。風穴はまた払子で打った。「臨済の喝、徳山の棒」と言いますから、「喝」と「一払子」は同じ意味があるでしょう。悟らせようとしたのです。

それを近くで見ていた牧主という人、この人は県知事のような人で、彼が風穴を招いて説法をさせたのでしょう。牧主が言った。「仏法と王法と一般《おなじ》なり」。そうか、仏法と王法は同じなのだ。これは誰にともなく、口に出た言葉だと思います。仏法は仏法、王法は世間の法。この二つは同じだと口走った。

すると風穴は牧主の方に向き直って「箇《こ》の恁麼《なん》の道理をか見る」、どんな道理を見たのか、といった。ただじゃ済まさないわけです。

牧主は、「当に断ずべくして断ぜずんば、返って其の乱を招く」。断じなかったら返って乱を招く、といった。これで風穴は溜飲が下がったんでしょう。「穴、便ち下座《げざ》す」。さっと説法の座を下って帰っていった。こういう則です。

「三玄の戈甲」とは

頌を読んでみましょう。「盧陂《ろひ》を擒得《とら》えて鉄牛に跨《また》がらせ」。盧陂長老を捉えて、風穴は鉄牛にまたがらせた。またがった盧陂がどんな言葉を発するか、それを大いに楽しみにしたんだ、という意味でしょう。

「三玄の戈甲《かこう》未だ軽《かるがる》しく酬いず」。臨済宗には三玄の戈甲がある。鉾と兜があるぞ。しかし、風穴は軽々しく使おうとはしなかった。胸の奥深くに三玄の戈甲はしまったままで、長老に一句言わせようとした。

「楚王城畔朝宗《ちょうそう》の水」。ちょうど「郢州《えいしゅう》の衙内《がだい》」というところが、昔、楚王の城畔だったそうです。楚王という偉い王様がいて、その町の周りを流れている水は海に流れていきますが、諸国の王たちは川を遡って挨拶にやってくる。楚の方へ集まってくる。「喝下に曾《かつ》て却って倒流せしむ」。長老に一喝を与えることで、水を逆さまに流れるようにしようとした。つまり、長老の心を一転させようとした、一遍に悟らせようとした。それがうまくいったかどうかは書いてありませんが、風穴が長老にやったことはそういうことだ、と雪竇さんは見ているのですね。

水を逆さまに流すのは、「即非」の非の世界。これが大事なんだということです。修行につとめている人に、非の世界と無縁になってはいけないぞ、と言っているのでしょう。いのち全体を掴もうとすれば、即の面もあれば非の面もある。二つに分けて、片方だけとってはいけない。両方があって初めて、いのちそのものだということです。大いなるいのちは即非の全体だということです。

ここで風穴は長老を鉄牛に乗せて、水の流れを逆転させようとしただけで、三玄の戈甲《かこう》は使わなかった。軽々しく持ち出さなかったというのですが、では、三玄の戈甲とはなんでしょうか。

それは、頓と漸を分けないということ。そうでなければ、本当のいのちには出くわさない、ということ。ではいったい、どうしたら出くわすことができるのか。一人ひとりが頓か漸か、どちらか、とことん悩み抜いた挙句に出くわすのです。そいつを、三玄の戈甲というのです。あれか、これかで、二つ。そして出くわすものが一つ。合わせて、三玄の戈甲です。

達磨さんがはるばる中国へやってきたというのは、本当に大変なことでした。それまでにも仏教はシルクロードを通じて伝わってはいましたが、それは経典・経論中心でした。しかし達磨さんが持ってきたのは、不立文字・教外別伝の仏教。大事なのは文字ではなく、「直指人心見性成仏《じきしにんしんけんしょうじょうぶつ》」。直に人の心を指差して、これだぞ、これが仏だぞ、と導いた。達磨さんは大革命者だったでしょう。しかしそれはなかなか理解されません。六祖慧能が出るまで、日陰の存在だったと考えられます。

六祖慧能が出てから、一気に中国禅として息を吹き返した。六祖慧能の孫弟子が馬祖道一。これまた大物で「即心即仏」と言いました。仏とは何かと問う、そのあんたの心が仏なんだ、という。ただし、馬祖の禅は達人の禅。一般民衆のものにはならなかったのだと思います。

そこで、一部の優れた人のものではなく、より広く、と考えられたのが「公案禅」です。公案禅でやれば、誰でも馬祖や六祖、達磨と同じになれる、というのが目的だったと思います。これも今は行き詰っていますが、始めた時の気持ちはそうだったでしょう。

風穴の禅は馬祖道一の禅ですね。やがて公案禅に移ろうとする時期に出た方です。鉄牛に跨《また》がらせることで、導こうとしたのだと思います。ここでのやり方は、誰にでもわかるようにするための工夫としてつくられた公案禅を思わせるものがあります。

鉄牛は機に乗っかっている。それは、みんなが乗っているんです。鈴木大拙先生は'living in zen'と言っていますね。この in がそうなんです。みんな乗っかっている、ということ。ところが、自覚している人は少ない。自覚のところに禅が働くのです。

本則に出てくる「印」と「住」は、無か有かということです。これを通して第三の世界へ導こうとしています。禅は二つに分けたところにはないのです。しかし、迷いに迷って、間違いなくこれだ！というところへ出てほしい。そこは、あれでもこれでもありません。あれもこれも含む世界です。まさに逆流の世界です。

即非となれば相対ですが、非そのものは逆流の働きそのものではないでしょうか。そういうものを根本にして、私たちの本当の分別知が生きる。そういう世界に戻ってこれるのです。一言で言えば、第三の世界は、非とも表せます。どんなことをもってしても、届かない世界ですから。

しかし、このままでもいいという世界でもあります。それは即の一字でも表せます。また、即でも非でも表せないとも言える。まさに言詮不及の世界。私たちのいのちが、そのままそこに無限に開かれているのだと思います。

私たちの本当のいのち

禅がみなさんを案内したい世界はここだと思います。それ以外にない。みなさんがそういういのちをどのように使うかは、一人一人の問題です。上手に使ってもらえればいいのです。

私たちのいのちは「展《の》ぶる則《とき》んば法界に弥綸し、収むる則んば糸髪も立せず」という働きそのものです。ですから、「仏道とは閑曠《かんこう》なり」（無門関後註）と言われます。仏が歩まれた道で、我々も跡を慕って歩もうとする道。そこに目を向けてほしいのです。そこに私たちの本当のいのちがある。なんとかそこへ氣づいてほしい。

そのために、いろんな人がいろんなことを言っているのです。即も非もありますが、大きないのちがあり、一瞬一瞬変わっていくのですから、漸教でやったらきりがない。そこに頓教の意味もある。開かれた世界で一瞬一瞬、どう生きていくか。大きな世界に開かれているから、転んでも道の中、という安楽の気持ちはあるでしょう。一番大事なのはそこです。無門関四八則には、各則に機縁が含まれています。

いのちの働きように目覚めてほしい、開かれてほしい、氣づいてほしい。それだけです。そこからどんな生き方が生まれるかといったら、それは一人一人のものです。少しずつ人格を完成する、なんてものではなく、大きないのちを見つけることに、生まれてきた意味はあるのではありますまいか。大きないのちに目覚めることの大事です。そこに頓教の大事もあるでしょう。目覚めたところで頓教はなくなります。漸教はどこまでもあります。それも尊いことですが、一度しか人間に生まれ出ることができないのであれば、こいつだ！　と掴んでほしい。そう思います。

如何なるか是れ清浄法身――第三九則「雲門金毛獅子」

【垂示】垂示に云く、途中受用底《とちゅうじゅようてい》は、虎の山に靠《よ》るに似たり。世諦流布底《せたいるふてい》は、猿の檻に在るが如し。仏性の義を知らんと欲せば、当に時節因縁を観るべし。百錬の精金を煆《きた》えんと欲せば、須是《すべか》らく作家《てだれ》の炉鞴《ろはい》なるべし。且道《さて》、大用現前底《だいゆうげんぜんてい》は、什麼《なに》を将《もっ》てか試験せん。

【本則】挙す。僧、雲門《うんもん》に問う、「如何なるか是れ清浄法身《しょうじょうほっしん》」。門云く、「花薬欄《かやくらん》」。僧云く、「便ち恁麼《さよう》にし去る時、如何」。門云く、「金毛の獅子」。

【頌】花薬欄、顢頇《まんかん》すること莫れ。星は秤《めもり》に在りて盤《さお》に在らず。便ち恁麼《さよう》にするは、太《はなは》だ端無《いわれ》し。金毛の獅子、大家《みなのもの》看よ。

「仏性の義を知らんと欲せば」

垂示から見てみましょう。「垂示に云く、途中受用底《とちゅうじゅようてい》は、虎の山に靠《よ》るに似たり」。用を「よう」と読んでいますが、「ゆう」でいいでしょう。途中というのは、人生を歩んでいる最中。そこで、自分が受けているものを用いていく、ということでしょう。自分が生まれながらに頂戴しているもの、不生の仏心なら不生の仏心を、人生の道を歩みながら使えるということは、たいしたものだ。不生の仏心と言うけれども、現実の厳しさに圧倒されてしまって、なかなか使えるものではない。それを受用底、使えるという方は、虎が山の中に住んでいるようなものだ。つまり、怖いものはない、ということでしょう。「世諦流布底《せたいるふてい》は、猿の檻に在るが如し」。それに対して、我々は、世の中の流れの中で生きている人たちは、猿が檻に入れられているようなものだ。こうなりますね。

第三一則でしたか、「欺」という一字について話したことがありましたね。「欺」の一字を持ってきてくれた人は、この「途中受用底」というような人ですね。まさに虎が山にいるというような方ですが、それでも「欺」という一字を持ってきたゆえんは、あなたに、私のこの寂しさが埋められますか、という問でした。そこで「仏性の義を知らんと欲せば」ということでしょう。そういう人たちに対して、いったい仏教は何ができるか、という問題がそこで起きるのだと思います。

「仏性の義を知らんと欲せば、当に時節因縁を観るべし」。こう圜悟禅師は言っています。時節因縁は三つに分けられるでしょう。一つは時節。二つ目が因、最後は縁。仏教は因果が大事だと言いますが、因が元で、縁の助けを得て結果が出る。しかし、それだけではない。もう一つの大事として、時節ということを言います。この四字熟語はよく使います。お悟りが開けるのも時節因縁を待たなくてはならない。因があり縁があれば果が生ずる。それには、歳月もなくてはならないということです。因があり縁があればすぐに果が生まれるかどうか。歳月をかけて結果が出るという見方でしょう。

「百練の精金を煆《きた》えんと欲せば、須是《すべか》らく作家《てだれ》の炉鞴《ろはい》なるべし」。こう圜悟禅師は言っていますが、ここで一つの見取り図を頭に入れておいてほしいですね。

如来禅から祖師禅へ

禅仏教と言います。禅も仏教。お釈迦様につながっている教えです。お釈迦様が摩訶迦葉尊者に法を伝えた時、——それを語っているのが無門関の第六則ですが、お釈迦様は最後に言っています。「不立文字、教外別伝」というかたちで、摩訶迦葉よ、そなたに渡した。教外、教えの形ではなくて渡したぞ、というわけです。はるばるとお釈迦様の思いを携えて中国に渡ったのが達磨さんです。そして中国に禅という一つの教えが出現するわけですが、ある意味で、三つに分かれていると言いたいですよね。

お釈迦様から達磨さんに至るまでの禅を「如来禅」と言います。インドの禅のことです。そして達磨以降の禅を「祖師禅」と言います。中国の禅です。そして祖師禅がいくつかに分かれます。

お釈迦様が摩訶迦葉尊者に伝えた時、私たちの心残りだったのは、大衆が全くわからなかったというんですね。分かったのは、摩訶迦葉尊者一人だけだった。そこで尊者に法が伝えられたというのですが、それではその他の大衆はどうしたらいいのでしょうか。

私は、その大衆をどのように禅に導いていけるか。この問いが、禅の歴史をつくりながら今日に至っていると考えています。

二八代と言われています。お釈迦様を除いて、初代が摩訶迦葉尊者、そして達磨大師に至るわけです。禅は「不立文字教外別伝」と言われていますが、これはお経の言葉で、釈尊が言ったかどうかはわからない。しかし、禅を掴んで言ってくれていると思います。

これを使わせてもらいますと、教外別伝の不立文字の禅を携えて海を渡って、と言っていますね。今までのルートはシルクロード。それに対して海だと言ったのでしょうか。達磨さんは海を渡って三年がかりで中国についた。そして仏心天子と言われた梁の武帝に招かれ、問答をします。しかしわかってもらえない。達磨さんの心は武帝に通じなかった。そこで、揚子江を渡って魏の国にわたり、壁に向かって坐禅をするわけです。

梁の武帝は仏心天子とまで言われた人です。仏典も講義するし、写経もする。寺も僧もたくさんつくった。そういう武帝にすら、あの達磨さんがわかってもらえなかった、これは大きいと思います。いったい何を言おうとしたのか。私は達磨さんが中国へ渡ったのは、一人でも多くの人に禅を知ってもらいたいという気持ちだったのだと思います。ところが、あの仏心天子とまで言われた武帝ですら、大衆と同じだった。わからなかった。お釈迦様が摩訶迦葉尊者や大衆に対して発した言葉がわからなかった。武帝は大衆と同じだったとなりますね。

達磨さんはその後、壁に向かって坐っていただけではなくて、苦労もされています。何度となく毒を盛られた。最後はソクラテスと同じで、毒を承知で飲んで亡くなったとも言われます。しかし、お弟子さんはつくりました。二祖慧可大師はじめ、四人は少なくともつくっています。しかし、大きな力にはならなかった。その達磨さんが中国に伝えた禅が芽を吹き始めたのは、やはり六祖慧能の力が大きいと思います。達磨から五代をかけて、いわゆる禅の下地ができたのだと思います。そして、六祖慧能を待って、大きく芽を出したということでしょう。

そこで、六祖慧能を中国禅の始祖と言いますね。インドになかった禅が芽生えてきます。それを大きく花開かせたのが、慧能の孫弟子・石頭希遷と馬祖道一。そして、その二人を向き合わせると、ほぼ同時代で、石頭希遷は真金鋪と言われた。本物の金を扱う店だと。私たちにつながる馬祖道一禅師は雑貨鋪と言われた。雑貨を扱っている店だというのです。どうして雑貨店か。即心即仏というからでしょう。あなたのその心がそのまま仏だと。私たちの心などどこにでもある心ですから。しかしどうしてそういう説き方をしたか。一人でも多くの人に禅を理解してほしい。禅という教えがあるということを知ってほしいという心からだと思います。

ですから、やがて禅宗に鞍替えすることになる徳山が、なんということを言うか、仏にはそんなに簡単になれるものではない。何度も何度も生まれ直して、修行に修行を重ねてようやくなれるのだ、それを、今生きているものを捕まえて、あなたの心が仏だとはいったい何事か、と大いに怒る。そして説伏してやると言って南方に下りてくるわけです。ところが、そこで逆に回心があって一八〇度うって変わって、それまで大事にしてきた金剛経の注釈書など皆の前で焼き捨ててしまいます。

今から振り返って、仏教二五〇〇年。禅も同様の歴史があります。禅が、もっともはつらつと生きていた時代は唐時代。まさに馬祖道一の禅です。その後を継いだ百丈、黄檗、臨済。綺羅星のような巨星が出た。

公案禅の意図するもの

とはいえやはり、この時代の禅は達人の禅だったと思います。達人でこそ初めて捕まえられる禅でしょう。あなたの心がそのままで仏だといわれても、本当?と、いぶかしくなってしまいますね。それを、そうだ!と言える人は達人だと思います。ですから、唐時代は達人の禅です。

ただ、それでは物足りないわけです。なんとか、もっと多くできないかと考え出されたのが、公案禅です。宋の時代です。その公案禅を作り上げたのは、五祖法演、圜悟克勤、大慧宗杲という方たち。

しかしこれも宋の時代ですから、対象になったのは階級が上の人。優秀な人たちを対象にした方便だったと思います。一段と数は増えたけれども、まだ足りない。そう思ったのが、我が国の白隠さんでしょう。そこで江戸時代という環境もあって、いわゆる一般市民に対して顔を向け始めた、法を広め始めたということでしょう。そこで、かな法語もたくさん残してくれています。

この則の雲門禅師は唐末の方です。ですから達人の禅です。それを頭においてください。もう一度垂示を読んでみましょう。「途中受用底《とちゅうじゅようてい》は、虎の山に靠《よ》るに似たり」。必ずしも禅の人でなくてもいい、そういう人は虎が山に住んでいるような人だ。「世諦流布底《せたいるふてい》は、猿の檻に在るが如し」。それに対して私のようなものは、猿が檻にいるようなものだ。

ここからが仏教の話です。仏教は何ができるか。「仏性の義を知らんと欲せば、当に時節因縁を観るべし」。時節因縁をしっかり見なくてはいけない。公案禅の復興が今、しきりに叫ばれ始めました。白隠没後二五〇年に合わせ、公案禅をしっかりしたものにしようという動きです。

「百練の精金を煆《きた》えんと欲せば、須是《すべか》らく作家《てだれ》の炉鞴《ろはい》なるべし」。これが公案禅でしょう。しっかりした禅匠の元で鍛えに鍛えられなくてはならない。

「且道《さて》、大用現前底《だいゆうげんぜんてい》は、什麽《なに》を将《もっ》てか試験せん」。それにしても、達人、つまり雲門でしょう。それから、質問した僧も含めているかもしれません。そこで本則に入っていきます。

「花薬欄」

「挙す。僧、雲門《うんもん》に問う」、あるお坊さんが雲門禅師に問いました。

「『如何なるか是れ清 浄《しょうじょう》法身《ほっしん》』。門云く、『花薬欄《かやくらん》』」。花薬欄は芍薬の花壇だそうです。柵で囲った満開の芍薬の花。一本ではないでしょう。見事に咲いた芍薬の花壇。私たちが教わったときは、洗面所・トイレの周りに柵を作って、そこにいろいろな花を植えたものだと教わりました。トイレの匂いをそれで消した、とのことです。ところが、現在はそんな意味はないと言います。意味が違っていますね。

著語をみてください。「塠坱《こうそう》堆頭に丈六の金身《こんじん》の斑斑駁駁なるものを見る。是れ什麼《なん》ぞ」。ごみがうず高くたまっている。そこに、「丈六の金身の斑斑駁駁なるものを見る」。一丈六尺の仏様の金身を見る、と言っているんですね。

これについては一つの思い出があります。鎌倉の円覚寺の塔頭から、一人の僧が祥福寺へやってきた。後で聞いたことですが、出てくるときに、先輩の和尚さんから言われたことがある。僧堂というところは、ごみだめのようなところだと。その方は老師にもなったと思いますが、そう言ったそうです。けれどもその中に、キラッと光るものがあるのだと。

光るものを見て帰ってこい、といって送り出してくれたそうです。まさにこれです。「斑斑駁駁」、入り交じっている、そいつをしっかりと見て来いというのです。昔の人はすごいですね。著語を生かしきっていますね。自然とこの言葉が出たのかもしれませんが、これは碧巌録ですから、和尚さんがそれを見ていたことは確かでしょう。

すると、問題は「清浄法身《しょうじょうほっしん》」ですね。これは東大寺の大仏さんです。毘盧遮那仏。それなのに、どうして圜悟禅師は清浄法身《しょうじょうほっしん》などと出したのでしょう。著語に、「是れ什麼《なん》ぞ」と。何が清浄法身《しょうじょうほっしん》なものか、というような意気込みでしょうか。

質問された雲門禅師の答えは花薬欄。言葉の上からはありえませんが、お手洗いを囲む花壇だということになったんでしょうか。そこに、圜悟禅師がまた著語しています。「問処真ならずして、答え来たること鹵莽《ろもう》なり」と。問いが真実でないから、雲門禅師の答えもまた大まか。表面上はそうですが、それに尽きるでしょうか。「問処真ならず」はどういうことでしょうか。雲門さまは睦州という和尚に足を折られました。それを機にお悟りを開いた方です。睦州といえば、臨済をして黄檗の元へ参禅へ行かせた先輩でもあります。だから臨済禅師と同時代です。

臨済禅師に「物に依らずして出で来たれ」。自分が本当にしたいことはこれなんだ、と言っているんですね。自分がしたいことはただ一つ。「物に依らずして出で来たった修行者と、とことん話し合いたい」。これなんです。一喝がお家芸の臨済禅師ですが、一喝じゃないというんです。

その臨済禅師の言葉に照らすと、「如何なるか是れ清浄法身《しょうじょうほっしん》」というのは弱いですね。「物に依らずして出で来たれ」ではないことになりませんか。清浄法身《しょうじょうほっしん》を担いで来ていますからね。そうすると、「問処真ならず」と言えますね。この問いは、真実のものではない。だから「答え来たること鹵莽《ろもう》なり」。答えも大まかになってしまうんだ。こう言っていますが、ここは注意を要します。それだけでは圜悟禅師の気持ちを表し尽くしていない。

「如何なるか是れ清浄法身《しょうじょうほっしん》」は、十牛図で言えば、第七図。そこではこの問いもいいかもしれませんが、「物に依らずして出で来たれ」とは言えないでしょう。これは第八図まで行かないと言えない。でも七図と八図ですから、紙一重です。

雲門に花薬欄と言われて、これもどう訳せばいいでしょう。満開の芍薬の花壇だ、ということになったら、きれいだというだけです。感嘆して眺めるしかないでしょう。「如何なるか是れ清浄法身《しょうじょうほっしん》」。何ともきれいで見事だわい。それでは何だかやはり、足らないような気がしてなりません。ところがこの花薬欄に、圜悟禅師が著語で「塩坂堆頭に」と入れました。ごみだめに、という世界。ここに「丈六の金身」も混じっているわけです。

こうなると生きてきますね。

「僧云く、『便ち恁麼《さよう》にし去る時、如何』」。僧は花薬欄と言われてハッとした、そして何かに気づいた。そのようにわかった時、時節因縁の時です。今初めて気づいたことがあります、おっしゃるとおりに了解できましたら、この境地はどういうことでしょうか、と問い直します。

「門云く、『金毛の獅子』」。そうなったら、怖いものなしだ、ということではないでしょうか。あんたがそれに気づいたら、もう失うものは何一つない、怖いものなしだぞ。しかしそこに、圜悟さんが著語しています、「也《ま》た褒也《ま》た貶」。褒めてもおり、けなしてもおり。そういう一節です。

「金毛の獅子」とは

頌に入ります。「花薬欄、顢頇《まんかん》すること莫れ」。これは単に花薬欄は素晴らしい、とも取れます。素晴らしい芍薬の花壇。見とれてうつつを抜かすなよ。

「星《めもり》は秤《さお》に在りて盤《さら》に在らず」。目盛りは秤についていて、皿に計るものを載せますね。ここでは何を言っているのでしょうか。皿に載せている実物は何でしょうか。いろいろ取れますね。一つは清浄法身《しょうじょうほっしん》。皿には清浄法身《しょうじょうほっしん》を載せた。これに対して雲門禅師は花薬欄と答えました。これは秤。秤には花薬欄と出た。

清浄法身《しょうじょうほっしん》ではなく、花薬欄が大事だということでしょうか。あるいは、目方にかけるならすべてを載せてしまえばいいのかもしれませんね。しかし、言葉だけではわからんぞ。答えは秤に出るぞ。秤にはなんと出ているか。花薬欄、清浄法身《しょうじょうほっしん》にも尽きない何かを見取っていないとだめだぞ、とも読めますね。

「便ち恁麼《さよう》にするは、太《はなは》だ端無《いわれな》し」。花薬欄を後生大事に抱いていたら、それは正しくない。すると、最後の「金毛の獅子」がでてきます。葛藤ですね。

「金毛の獅子、大家看《みなのもの》よ」。雲門禅師は最後に金毛の獅子と返してくださったけれども、さあ皆さん、どのようにその言葉を取ったらいいか。花薬欄でもあり、金毛の獅子でもある。各自の秤には何と出ているか。皆さん、見てみなさい。このように取れるでしょう。

雲門の兄弟子に玄沙師備という人がいます。雪峰の教えを叩き込まれた方です。この方は「如何なるか是れ清浄法身」と聞かれて「膿滴滴地」と答えています。膿が滴っている、といいます。これは実際その時、そういう病気になっていたのだろうと言われますが、やはり雲門禅師の答えのほうが面白いですね。玄沙の答えもそれはそれで素晴らしいわけですけれども、言句の妙という意味では、雲門が妙を得ていると思います。

鉄樹　花の発《ひら》き初《そ》めるとき——第四〇則「南泉如夢相似」

【垂示】垂示に云く、休し去り歇し去れば、鉄樹花を開く。有りや有りや、黠児《かつじ》落節す。直饒《たとい》七縦八横なるも、他《そ》の鼻孔を穿つを免れず。且道《さて》、誵訛《ごうかい》什麽処《いずこ》にか在る。試みに挙《こ》し看ん。

【本則】挙《こ》す。陸亘《りくこう》大夫、南泉と語話せし次《とき》、陸云く、「肇《じょう》法師道《いわ》く、『天地は我と同根、万物は我と一体』と。也《ま》た甚だ奇怪なり」。南泉、庭前の花を指して、大夫を召して云く、「時人、此の一株の花を見ること、夢の如くに相似たり」。

【頌】聞見覚知《もんけんかくち》、一一に非ず、山河は鏡中の観に在らず。霜天月落ちて夜将《まさ》に半《なか》ばならんとす、誰か共に澄潭《ちょうたん》に影を照《うつ》して寒《つめた》き。

「夢の如くに相似たり」

垂示です。「垂示に云く、休し去り歇し去れば、鉄樹花を開く」。私たちの迷いの元を除いていき、何も無くなった時に、「鉄樹花を開く」ということが起こる。鉄の木に花が咲くというのですから、考えられないようなことが起こる、ということでしょう。「有りや有りや、黠児《かつじ》落節す」。このような体験をした人が一人でもいるかな。黠児は利口な人、という意味とともに、小利口だという意味もあるようです。岩波文庫では「切れ者」としています。切れ者でもしくじるぞ。鉄の木に花を咲かせたものがあるだろうか、と尋ねておいて、大変賢い者でも失敗することがある。ここでは陸亘《りくこう》大夫を言っているのでしょう。陸亘大夫ほどの賢い人でも失敗することがあるぞ。

「饒《たと》い七縦八横なるも、他《そ》の鼻孔を穿つを免れず」。たとえ自由自在に振舞っているように見えても、その鼻の穴をうがたれて、そこに手綱を通されていることを免れないぞ。「且道《さて》、諸訛什麼処《ごうかいずこ》にか在る」。さて、そのような問題がいったいどこにあるか。「試みに挙《こ》し看ん」。ここに一つの例をあげるから、よく見なさい。

本則に入ります。「挙《こ》す。陸亘《りくこう》大夫、南泉と語話せし次《とき》」、師匠の南泉和尚と話をしているときに、大夫が言った。「肇《じょう》法師道《いわ》く、『天地は我と同根、万物は我と一体』と」。肇《じょう》法師が言っております。天地は我と同根、万物は我と一体と。「也《ま》た甚だ奇怪なり」。これはなんと奇怪なことでしょう。たまげているのです。褒め称えている言葉だと思います。「南泉、庭前の花を指して、大夫を召して云く」、これを聞いた南泉和尚は、庭先の花を指差して、「時人、此の一株の花を見ること、夢の如くに相似たり」。今の人は、この一株の牡丹の花をどう見ているかというと、夢でも見ているように見ている。夢で見ているかのごとくに、庭先の現実の牡丹を見ている。こう言っています。これはいったい、どういうことでしょうか。

それを雪竇さんが頌で詠い上げています。七言絶句になっています。

前半が「聞見覚知《もんけんかくち》、一一に非ず。山河は鏡中の観に在らず」。後半が「霜天月落ちて夜将《まさ》に半《なか》ばならんとす、誰か共に澄潭《ちょうたん》に影を照《うつ》して寒《つめた》き」。前半の二句は大夫が驚嘆した心境を詠い上げているのでしょう。後半は雪竇禅師その人の境涯を出しているのではないかと思います。

「聞見覚知《もんけんかくち》、一一に非ず」。普通は「見聞覚知」ですが、韻の関係で逆転したのでしょう。聞く、見る云々は、我々の働きですが、一つ一つのことではない。一つ一つだと、「天地は我と同根、万物は我と一体」というような世界は生まれないぞ、ということでしょう。

「山河は鏡中の観に在らず」。目の前に、山や川はないというんですね。普通はそれらは我々の面前にありますが、ここでは私という鏡の中にすっぽりと入ってしまっている、と言います。素直に「山河は在らず、鏡中の観」と読みたいところです。それが「聞見覚知《もんけんかくち》、一一に非ず」ということだと。

いつか、鈴木大拙先生の話をしました。テーブルを叩いて「いったいどこで聞いたか」、と尋ねると、秘書の女性は「身体全体で聞きました」と答えた。耳で聞きました、とは答えなかった。耳と言ったら、「聞見覚知《もんけんかくち》、一一」でしょう。体全体ですから、「一一に非ず」ですね。身体中を耳にして、今の音を聞き取りました。

ここでは「見」ということですから、山河が私というものと一つになって、そこにある。こういう感じです。ところが雪竇さんはそれでは不十分だと言います。大拙先生も、身体中で聞いたという答えに対して、「けち臭い」と言いました。

「霜天月落ちて夜将《まさ》に半《なか》ばならんとす」。十月でしょうか、十一月でしょうか、霜降る天の月が西の端に落ちて、夜が深々と更けていく。

「誰か共に澄潭《ちょうたん》に影を照《うつ》して寒《つめた》き」と詠い上げます。澄潭に影が写っているのですね。雪竇さんが言うのは、澄潭に影が映っているというだけのことではないようです。影を映しているのは澄潭だけではない。誰かもう一人、そこに参画しているものがいやしないか、というのです。澄潭と一緒に影を映しているものはいったい誰か、という感じになるでしょうか。

「鉄樹花を開く」

月が落ちると真っ暗闇でしょうか。それが問題です。月が落ちても明るさがある夜、というのはありませんか。鉄の木に花が咲く、その直前のことでしょう。花が開く直前。これから開き始める時。何が起こるか分からないんです。それが起こり初めた、と見られませんか。一があれば二も三もある。そういうことでは、これはある意味、一の世界です。天地と我と同根、というのは一の世界です。ただ、雪竇のいう世界はまた別のようですね。

月が落ちますと、月の光で見るという見方はなくなりますね。しかしそこに澄潭、澄んだ水がたたえられていれば、その水に影は映るかもしれません。ただ、我々が普通に言う影ではないものかもしれません。確かに月の光で見ている。けれども、月が落ちましたから、月の光で見る影ではない影が澄んだ水に映っているということは、あり得るのではないでしょうか。

あるいは、わかりませんが、ゼロの世界があれば、その世界に突入する直前か、そこから戻った当初か。そのどちらかを言っているのかもしれません。

第三一則で、「歟」という文字の話をしました。その「歟」という字は三つの働きをします。疑問、反語、感嘆。いわゆる、疑問文とその反対の反語、この二つの間を我々は転々としますが、その挙句に感嘆の世界へ出る。ですから、二つが疑問文とその反語とになる。境がなくなることが大事なんだと思います。そこまで、工夫しなくてはならない。ですから、今そういうことが関係なくなると言われたことが、それに通じるんだと思います。二つが一つに溶け合い、どちらがどちらか、区別がつかなくなる。その時に何かの縁に触れて、ああ、こういうことか、という世界が生まれるのだと思います。それが「鉄樹花を開く」でしょう。

一番最初、「聞見覚知《もんけんかくち》」が一つだと言っています。山河は我々の前にはない。私という鏡の中にすっぽり入っている。まさに「天地は我と同根、万物は我と一体」という世界です。

「影を照《うつ》して寒《つめた》き」と言っているところに、まだ残っているものがありますね。主観が残っていいます。私が残る。山河はないが、うつし取っている自分がいる。そうするとやはりこれは、まだいまひとつなのではないかと思います。それも素晴らしい世界、太夫をして感嘆せしむる世界なんですが、南泉からすれば、夢を見ているような話だぞ、ということになるんですね。本当の現実、ありのままの姿を見ていない、と南泉は太夫をたしなめます。

無限のいのち、萌えいずるとき

では、おまえさんの言う感嘆の世界というのはどんなものかと問われれば、ひとつの答えは「展《の》ぶる則《とき》んば法界に弥綸し、収むる則んば糸髪も立せず」という世界。ただ大きいだけではない。ある時は大きく、ある時は髪の毛一本すら立つ余地がない。いわゆる無限なる運動だと思うんです。どうしてそれに私たちは感動するかといえば、それが私たちの、とりもなおさず本当のいのちだからでしょう。我々は本来のいのちに出会うことで感動するのです。

しかし、雪竇の頌はそこまで言っていません。これからぐっと開けていく、始めのところを言っているのではないでしょうか。鉄樹花の開き初めるところを詠っているのではないでしょうか。

ある方が書いています。鈴木大拙先生の「どこで聞いたか」という話です。同じ話でも、聞く人によってだいぶ違うようです。その方は、机を「コツコツ」と叩いた、と表現していました。大拙先生は「誰が聞いたか」と尋ね、先生みずから「宇宙が聞いた」と答えたそうです。宇宙がまず聞いた。そこで我々も聞けた。こういう筋道を立てていました。また、「いま、ここ、われ」とありました。今、ここにいる、自己。自我ではなく自己。しかし、聞こうとして聞いたのではない。宇宙が聞いたから、聞こうとか聞くまいという私の思いに関わりなく聞こえてきたんだ、というふうにもならないでしょうか。聞こう、聞くまいと意識する我ではないのですね。何も意識していない、自然体の自分に、すっと机を叩く音が聞こえてくる。それが、コツコツという音を聞く、という世界ではないでしょうか。

私たちには無限の可能性、いのちの働きがあります。一瞬一瞬あるのでしょう。その時その時に応じて、どういのちを生きるか。無限大のいのちのどこかを生きているのだと思います。意識するしないに関わらず、私たちは無限のいのちの運動、働きのどこかを、いま、ここで生きている。現実を生きていて、その時その時、いのちのどこが必要か、どう生きたらいいか、その判断をするのが主体性、自己ではないでしょうか。自己は受け身なだけではありません。音を聞き取って、どう動くかは、我々一人一人です。現実を生きている一人一人です。その答えはあくまで一人一人が出さなくてはいけない。

音を無心に聞いて、無心のままに、すっと働けたら一番いいですね。しかしそれは無心と言っても、それまでのその人の全経験、全体験をかけて、ここだ、としているのだと思います。それが生きるということではないでしょうか。

ですから、この頌の最後で詠っているのは、最後に残った自分というものが消えていくところなのか、いわゆる無になって、空即是色と息を吹き返す、その始めか。そこではまだ自己の思いが働いていない、主体性は出ていないでしょう。そこからぐっと広がっていって主体性が出て、私たちは生きているのでしょう。

太夫の世界は「鏡中の観」でしたね。これも素晴らしいですが、鏡を粉々に打ち壊して、そこから生きていくという世界を予感させる始めのところだと思います。ですから、この則はすべての公案の根底となると言えるでしょう。

頌の流れとしては、「霜天月落ち」で始まっていますから、ゼロ（0）に突入する直前の一点。しかし現実はどうでしょうか。夜も深々と更けて、今日も充実した夜坐ができた。あまりの寒さに禅定から覚め、「どれ朝課まで一眠りしようかい」とばかり、禅堂へと引き上げるところかもしれません。ゼロという「大夢」の中へ。

最後に「寒」と書いて「つめたい」と読ませています。この霜天の寒さ。生きるという現実を忘れて詠っているのではないと感じさせます。ある意味、第四一則からは、これを基本テーマとして読んでいけると思います。

木村太邦（きむら　たいほう）
昭和15年、東京生まれ。昭和38年、早稲田大学法学部卒。同年、商社に入社、10年間の営業生活を送る。昭和44年、真人会（秋月龍珉先生主宰）入会。昭和48年、山田無文老師について得度。同年、祥福僧堂に掛搭。無文老師、河野太通老師に参じる。平成7年、祥龍寺入山。平成16年、祥福寺入山。祥福僧堂師家、ならびに祥福寺住職。

碧巌の空

二〇一七年一二月八日　第一刷発行
著　者　木村太邦
発行者　澤畑吉和
発行所　株式会社　春秋社
東京都千代田区外神田二―一八―六（〒一〇一―〇〇二一）
電話（〇三）三二五五―九六一一　振替〇〇一八〇―六―二四八六一
http://www.shunjusha.co.jp/
印刷所　萩原印刷株式会社
装　丁　本田　進
定価はカバー等に表示してあります。
 ISBN978-4-393-14431-2